Les guerres
de mon père

DU MÊME AUTEUR

L'Increvable Monsieur Schneck, Stock, 2006. Prix Murat 2007

Sa petite chérie, Stock, 2007

Val de Grâce, Stock, 2008. Grand Prix de l'Héroïne Madame Figaro 2009

Une femme célèbre, Stock, 2010. Prix Anna de Noailles de l'Académie française 2011

La Réparation, Grasset, 2012. Prix Thyde Monnier de la Société des gens de lettres, 2012

Mon petit Calder, avec Emmanuel Javal, illustrations d'Iris de Moüy, Hélium, 2013

Mai 1967, Robert Laffont, 2014. Prix Messardière – Roman de l'Été 2014

Dix-sept ans, Grasset, 2015

Sœurs de miséricorde, Stock, 2015

Colombe Schneck

Les guerres de mon père

roman

Stock

Illustration de bande : Archives de l'auteur

ISBN 978-2-234-08183-3

En souvenir de Gilbert Schneck
et de Pierre Pachet

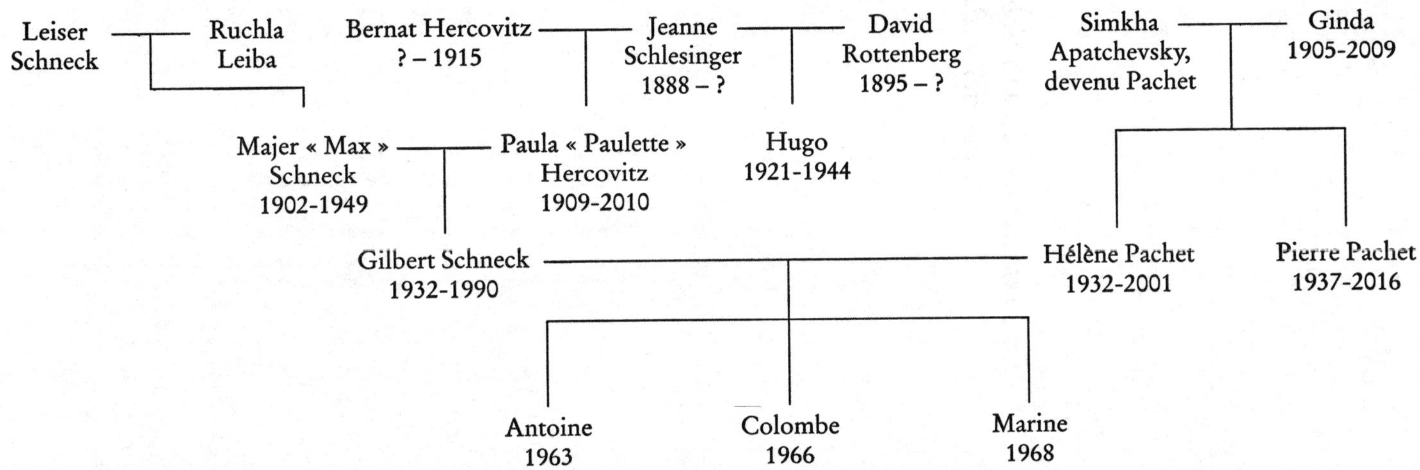

Leiser Schneck
Ruchla Leiba
Bernat Hercovitz ? – 1915
Jeanne Schlesinger 1888 – ?
David Rottenberg 1895 – ?
Simkha Apatchevsky, devenu Pachet
Ginda 1905-2009
Majer « Max » Schneck 1902-1949
Paula « Paulette » Hercovitz 1909-2010
Hugo 1921-1944
Gilbert Schneck 1932-1990
Hélène Pachet 1932-2001
Pierre Pachet 1937-2016
Antoine 1963
Colombe 1966
Marine 1968

Si vous l'aviez connu, vous n'auriez rien pu deviner, son regard était toujours doux, souriant. À ses côtés, on se sentait aimé. Mon père voulait savoir ce qu'il pouvait faire pour vous. Comment vous aider. Quel était votre désir.

Guettant la moindre grimace, le plus infime souffle de contrariété auquel il répondait :

– Cœur qui soupire n'a pas ce qu'il désire.

Alors, il partait en quête de ce qui pourrait vous soulager.

Le passé n'existait pas, seul le présent comptait.

Il répétait :

– Il ne faut offrir que de bons souvenirs.

Ou encore :

– Ne parlons pas de choses qui fâchent.

Il avait survécu aux destructions et aux rafles, aux morts injustes et à la torture, aux terreurs, à l'humiliation et à la peur, à la honte, à l'exil, à la perte encore ; il avait été confronté, enfant, adolescent, jeune homme, à la violence et l'inhumanité.

Face aux guerres, il avait construit un état de résistance, refusant l'amertume et la désolation, la plainte et la tristesse, la nostalgie. Il venait de pays qui ont disparu et dont il subsiste si peu de traces. Il était facile de nous faire croire qu'« avant n'existe pas ».

Mon père nous offrait un pull-over en laine vieux rose, des lieder de Schubert chantés par Kathleen Ferrier, un paysage vert de Dordogne, un amour sans limites. Seules semblaient compter pour lui la beauté et la bonté. Il était prêt à nous laisser sans armes, dans l'illusion. Il suffisait de fermer les yeux.

Nous étions des exilés sans mémoire s'accrochant aux joies du présent.

Il est mort il y a si longtemps. Il m'a fallu vingt-cinq ans pour être capable d'affronter ce qu'il cachait. Il avait honte et nous avions honte, il était coupable et nous étions coupables, il manquait quelque chose, je ne savais pas quoi, ma seule certitude d'enfance était que son amour était aussi indéfectible qu'irremplaçable.

J'ai cherché de manière absurde, partout, son amour et son passé.

Conversations oubliées, notes perdues, dossiers administratifs, archives publiques.

En France, l'administration conserve tout et je me suis longtemps demandé la raison de cette obsession conservatrice. J'ai fini par la comprendre et l'admirer.

Alors que nos souvenirs sont des mensonges, nos passés au mieux flous, quand ils ne sont pas transformés, les archives offrent de minuscules assises. Je ne sais rien et cela est si facile, il suffit de prendre le métro, de tendre sa carte d'identité, de remplir une demande et un dossier, alors apparaissent un nom, une date, une lettre, des photos, une clarté.

Grâce à ces archives, je me suis avoué, pour la première fois, que ni mon père ni moi n'étions coupables de nos errances en tout genre, et que, peut-être, je pouvais accepter d'être aimée.

1

L'exil et l'amour

Pierre m'a appelée hier soir.

– J'ai repensé à notre conversation de samedi sur ton père. Cela me laisse insatisfait. J'ai le sentiment de ne pas avoir dit ce qu'il fallait dire, de ne pas t'en avoir dit assez et de n'avoir pas moi-même posé les bonnes questions. Il faudrait qu'on reprenne cela un jour.

Le samedi précédant cet appel, nous avons déjeuné ensemble.

Cela fait plusieurs mois que nous ne nous sommes vus. Il est mon oncle, le petit frère de ma mère. Mon père et ma mère sont morts beaucoup trop jeunes, Pierre est le dernier de ma famille dont il reste si peu.

Pierre est écrivain et universitaire[1]. C'est en le lisant que j'ai pu comprendre l'exil, le silence, les

1. Pierre Pachet (1937-2016), professeur des universités, un des fondateurs de *La Quinzaine littéraire*, est l'auteur d'une vingtaine d'essais et d'ouvrages dont *Autobiographie de mon père*, Autrement, 1987, dont est tirée la citation de la page suivante.

absents. Ses livres sont mes références, ils m'ont construite. Parfois en accord, parfois en m'y opposant, je n'aurais pas pu écrire sans eux.

Quand il écrit, à propos de ses tantes déportées : « Si le pire est possible, la mélancolie n'est pas de mise », il me semble que tout ce que je tente est contenu là, dans cette dizaine de mots de Pierre.

Dans notre famille, pour ceux de ma génération, puisqu'il est le seul parent en vie, il est aussi celui qui écoute et conseille.

Il peut être brutal, injuste, il est le plus souvent malicieux, attentif, précis, généreux.

Quand je lui avais fait lire, il y a dix ans, le manuscrit de mon premier livre, une enquête sur l'assassinat de mon grand-père, il m'avait déclaré :

– Ce n'est rien, ce n'est pas un livre, juste un amas de documents bruts sans réflexion.

On ne s'est pas parlé pendant un an.

Et puis, cela s'est arrangé avec Pierre. La violence de cette phrase, « Ce n'est rien », m'a obligée à tout faire pour lui donner tort.

À la publication de mon troisième livre, il m'avait annoncé, Si tu as du succès, je ne serai pas jaloux, ce sera mérité. Nous nous sommes réconciliés. Je lui avais proposé ce déjeuner parce que j'avais une idée en tête, il l'a tout de suite compris.

J'ai commencé par lui parler d'autre chose, de ses ennuis à la *Quinzaine littéraire*, de sa santé. Et, au dessert, je lui ai posé la question.

Il n'avait pas la réponse, ne se souvenait pas du nom de famille, seulement d'un prénom.

Catherine. Une femme qui les avait tous fascinés. Pierre, comme mon père, aime parler d'amour, décrire les douleurs, les ruptures, les rencontres. Il est un excellent conseiller en amour et ne juge pas les errements.

Il a tout de suite compris où je voulais en venir.

– Tu veux écrire un livre sur ton père ?

– Oui.

Il était presque enthousiaste. Ce qui n'est pas son genre.

– C'est le moment pour toi.

Puis il a évoqué à nouveau Catherine.

Pierre avait envie de savoir ce qu'elle était devenue.

Il l'avait rencontrée en premier, à la fin des années 60, l'avait présentée à mon père qui en était tombé très amoureux. Le problème est que Gilbert était marié à la belle Hélène, qu'il était le père d'un petit garçon et qu'une fille venait de naître (moi).

Comment faire avec l'amour ?

Pierre a bien voulu me raconter une histoire que je connaissais déjà, leur arrangement à tous les trois. Lui, sa sœur Hélène (ma mère), son ami Gilbert (mon père).

Ils s'étaient retrouvés en Tunisie, à Sidi Bou Saïd, en 1960 pour le négocier.

Pierre et Gilbert étaient en permission. Ils finissaient leur service militaire en Algérie. Mon père dans le Constantinois comme médecin. Pierre à la troupe. Hélène venait rendre visite à Gilbert dont elle était tombée amoureuse, dans une colonie de vacances des Étudiants juifs de France à Saint-Cast, six ans auparavant, se jurant qu'elle l'aurait un jour, qu'il finirait par se lasser de toutes les autres et qu'il l'aimerait, elle.

L'amour était un combat, pensait-elle.

Lui était amoureux de plusieurs filles en même temps, refusant de choisir. Il était enthousiaste, admiratif davantage que leur beauté, leur rondeur, c'était leur vitalité, la manière dont chacune s'en était sortie. Elles avaient toutes été des enfants cachées pendant la guerre, toutes connu la peur, la solitude face à la peur, la perte, le silence après la perte. Entre lui et elles, cela n'était jamais évoqué, trop dangereux, mais ils partageaient cette compréhension que le passé était incurable, rien ne le corrigerait, il valait mieux l'oublier, et puisqu'ils étaient en vie, il y avait une obligation de vivre, d'être présent au monde.

Ne renoncer à aucune fille entrait pleinement dans ce programme.

Chaque nouvelle rencontre, peau, cheveux, dents, creux, mots, était la promesse non d'une revanche sur le passé, mais d'une fuite loin de ce passé.

Pierre et Gilbert parlaient donc beaucoup des filles, de l'amour.

C'est le père de Pierre qui lui avait demandé de parler à Gilbert.

Il fallait qu'il épouse Hélène. Ils avaient tous les deux vingt-sept ans et terminé leurs études de médecine.

Ils ont donc négocié. Gilbert et Hélène se marieraient et Pierre a promis à Gilbert qu'il serait toujours là pour lui, qu'il l'aiderait dans les moments de doute. Il connaissait sa grande sœur, savait combien elle pouvait être inquiète, pudique. La guerre, ses affres et ses fantômes, était toujours présente.

En 1990, à la mort de Gilbert, son frère et ami, Pierre avait pleuré au moment du kaddish et je l'avais envié.

J'avais vingt-trois ans, j'étais vitrifiée, j'espérais que tout cela s'arrête, qu'on me dise, C'est un cauchemar, ton père va réapparaître.

On s'étonnait que je ne pleure pas, je répondais d'un ton calme :

– C'est parce que je peux continuer à lui parler et il m'entend toujours.

Pierre était plus vivant que moi qui étais désormais, mon père absent, aussi froide et dure que les statues des reines au jardin du Luxembourg.

J'attendais son retour.

J'ai attendu pendant vingt-cinq ans qu'il revienne, refusant toute autre forme d'amour, avant d'accepter qu'il était mort, qu'il ne reviendrait pas et qu'il était nécessaire que je vive et que j'accepte d'être aimée sans lui.

Paulette, ma grand-mère paternelle, m'avait assuré qu'elle connaissait l'arrangement entre Hélène et Gilbert. Que c'était elle qui l'avait négocié, à Paris, rue des Petites-Écuries, avec papi Eugène son second mari.

Tous les deux avaient conseillé à Gilbert d'épouser Hélène.

– J'ai encouragé ton père à épouser ta mère. Elle était bien mariable à l'époque, elle avait vingt-sept ans. Je lui disais, Elle est un peu mon genre, Hélène. Et tu sais ce qu'il me répondait ? Eh bien c'est justement ton genre qui ne me plaît pas chez elle. Mon propre fils.

En 2005, j'écrivais mon premier livre, je ne savais pas encore si c'était un livre ou rien, je me disais, Avançons mot après mot et on verra bien. Je m'installai chez Paulette, carnet à la main, notant tout ce qu'elle avait à dire sur notre passé, le sien, celui de son fils, mon père, de son mari, mon grand-père paternel dont je ne connaissais rien.

J'entends la voix de ma grand-mère paternelle, un accent hongrois très léger, plaintif et enfantin.

Les yeux brillant d'un amour jamais éteint, elle décrivait Max, le père de Gilbert.

– Max était si beau, si intelligent. Bien sûr, j'étais ravissante. (Pause.) C'était il y a très longtemps, tu sais. Tu peux le croire, j'étais ravissante, j'avais des cheveux magnifiques. (Pause). Et pourtant, encore aujourd'hui je ne comprends pas pourquoi il m'a abordée dans le tramway de Strasbourg. À l'époque où il me faisait la cour, je collectionnais les photos de l'acteur Ivan Mosjoukine. Je me rendais souvent dans un magasin de cartes postales sous les arcades à Strasbourg. Un jour, il m'a apostrophée en me demandant où je courais si vite. Je lui ai répondu que je cherchais des photos d'Ivan Mosjoukine. Il m'en a empêchée : Pourquoi courir, regardez-moi. Vous l'avez devant vous. Je suis le portrait d'Ivan Mosjoukine. Toutes les femmes couraient après lui. Je le savais, mais cela ne m'a pas retenue. Je lui répétais : Toutes les femmes courent après vous. Et il me répondait : Elles courent après moi ? Vous n'avez qu'à courir plus vite.

Paulette ne rit pas.

– Le 23 décembre 1932, à la naissance de Gilbert, j'étais soulagée. Tu sais ce que je me suis avoué ?

– Non.

– Heureusement, il est laid, il ne sera pas un séducteur comme son père.

Deux jours après notre déjeuner, Pierre m'a donc téléphoné pour me proposer son aide.

Nous avons pris rendez-vous le lendemain pour un dîner dans sa cuisine.

Je pédalai vers chez lui, rue Chapon, il allait, enfin, me guider, peut-être écrire le livre à ma place ? J'en étais certaine, il me révélerait des faits inédits qui rempliraient d'un coup des années de silence, je n'aurais qu'à l'écouter et à rédiger sous sa dictée.

Je montai chez Pierre en courant.

Il ouvrit la porte et m'annonça :

– J'ai oublié ce que je voulais te dire.

Puis il se tut, tout en s'agitant pour réchauffer la kacha que ma sœur lui avait apportée, et en me repoussant sur ma chaise :

– Ici, c'est moi qui décide. Va t'asseoir. Tu vas tout casser. Raconte-moi un truc intéressant. Les amours, ça va ?

Je tentai de reprendre une contenance plutôt que m'enfoncer dans de pathétiques justifications sur ma vie amoureuse pourrie, mes différentes fuites face à ceux qui m'aimeraient entièrement, préférant m'enfoncer dans des relations aussi impossibles qu'imaginaires. Je lui proposai de lui exposer le plan de mon livre sur mon père.

J'attendais son approbation, il me regarda d'un air dubitatif :

– Un plan ? Eh bien tu ne te mouches pas avec le dos d'une cuillère.

– Mmm, tu sais, je te dis cela, mais je ne sais pas. Je me trompe toujours quand je commence un livre, je vais sûrement faire autre chose.

Il répondit par un autre Mmm que je ne sus comment traduire. Bien ? Pas bien ?

Il me versa un verre de très bon vin rouge dont il me parla longuement, le sujet avait l'air de l'enthousiasmer, alors je fis semblant de m'y intéresser.

J'aurais préféré qu'il me parle de mon père.

Son téléphone avait déjà sonné trois fois en vingt minutes, de jeunes admiratrices, actrices, réalisatrices, poètes, étudiantes, productrices à France Culture, qui s'inquiétaient pour lui, bien plus sincèrement que sa propre nièce, qui ne passe du temps avec lui que pour lui poser des questions auxquelles il ne répond pas ou à côté, évoquant le mariage de mes parents.

Gilbert et Hélène se sont mariés en 1962 à Vichy où bizarrement les parents de Pierre et Hélène avaient choisi d'aller vivre après la guerre.

Simkha, le père d'Hélène et Pierre, était médecin, humilié et fatigué par ce qu'il avait vécu. Quand il avait frappé à la porte de l'appartement de l'avenue de Friedland où ils avaient vécu avec sa femme et ses enfants avant la guerre, l'inconnu qui l'occupait lui avait répondu à travers la porte entrebâillée :

– On n'a pas gagné la guerre pour laisser nos appartements à des juifs.

Ils étaient partis vivre à Vichy où s'était installée une petite communauté de juifs ashkénazes, silencieux, angoissés, parfois dépressifs, le plus souvent tristes, cherchant à se faire oublier et à oublier ce qui leur était arrivé.

Gilbert espérait réussir avec Hélène à construire une vie neuve, propre, stable, avec des meubles et des appartements, loin de ce qu'ils avaient vécu jusque-là.

Comment cela était-il possible ?

Le passé de Gilbert, avant la guerre, avant sa naissance, était déjà lourd de destructions et de fantômes.

Les parents de Gilbert, avant de se nommer Max et Paulette, avaient pour prénoms Majer et Paula. Ils avaient émigré de pays qui n'existent plus, la Transylvanie hongroise, la Galicie polonaise, la Bessarabie russe. Ils n'avaient pas fait d'études, mais ils parlaient à eux deux sept langues couramment, l'allemand, le hongrois, le russe, le roumain, le yiddish, le polonais et le français. L'allemand était la langue de l'administration, le hongrois, celle de l'école, le roumain, pour ma grand-mère, la langue de l'occupant, le russe, la langue du commerce, le yiddish, la langue de la cuisine et de l'amour, et le français, celle dans laquelle ils avaient élevé leur fils.

Majer Schneck, mon grand-père, est né à Sanok en 1902.

Sanok est alors une ville du royaume de Galicie appartenant à l'Empire austro-hongrois, devenue polonaise par le traité de Brest-Litovsk en 1918, après avoir failli être rattachée à l'Ukraine. Elle est aujourd'hui située au sud-est de la Pologne, non loin de la frontière avec la Slovaquie.

Ses parents sont commerçants, sa mère est hongroise, son père, polonais.

Majer est un garçon long et mince, inquiet, blond, aux yeux bleus, agile, qui dès l'âge de douze ans accompagne son père en Bohême, en Moravie, en Bessarabie, pour acheter porcelaines et verres, qu'ils revendront dans le magasin de Sanok.

Il possède un talent, la séduction.

Majer est obsédé par les filles. Il sait d'instinct leur parler. Il les complimente, Tu es belle, tu es ravissante, tu es la fille la plus charmante que j'aie jamais rencontrée. Il drague les clientes du magasin, les mères de famille, il drague Chana de la pâtisserie, Myriam de la mercerie, il envoie des petits mots à Jenksa, à la synagogue le vendredi soir, attend la réponse pour le samedi matin, et malgré l'interdiction du shabbat, Jenska écrit sur un bout de papier, en yiddish, qu'elle l'attendra devant la porte de sa maison.

Mais voilà comment cela se passe à Sanok, comme dans d'autres villes et villages de Galicie en 1917, en 1918, en 1919, comme cela s'est passé en Moldavie, en Bessarabie, en Transylvanie. Les journaux russophones commencent par démontrer que les juifs ont soutenu les soldats polonais, puis les journaux polonais que les juifs ont été trop proches des Russes et des Ukrainiens. Puis d'autres se plaignent que les commerçants juifs sont trop chers.

On prend des mesures, les magasins juifs sont réquisitionnés. Puisqu'ils refusent de céder leurs stocks à bas prix, il est juste de se les approprier pour les distribuer aux Polonais ou pour enrichir le Trésor public.

Les autorités, les intellectuels et les bourgeois sont d'accord : les juifs créent leurs propres haines.

Des paysans, des soldats, des étudiants arrivent avec leurs charrettes, ils ont repéré à l'avance les magasins qui les intéressent. On commence par briser les vitrines, on fait faire fuir les propriétaires, et on s'empare de ce qui est intéressant. Ballots de tissus, conserves, médicaments, les policiers laissent faire. Les morts, les viols sont des accidents, le but est de s'approprier des biens, tuer des juifs est secondaire. On en tue, bien sûr. Cent cinquante mille morts, trois cent mille blessés, un million de personnes battues et spoliées en Galicie et en Ukraine entre 1918 et 1919, selon le journaliste Albert Londres qui parcourt dans les années 20 la Transylvanie, la Bessarabie et la Moldavie.

En 1918, le magasin de son père « Schneck et fils. Cristalleries de Bohême et de Moravie », vitrine aux rideaux de velours vert, chatoyants, verres de cristal sans une goutte de plomb, lumineux, transparents, gravés, meubles vernis imitant l'acajou, photo de Majer enfant aux cheveux longs et clairs, dans un cadre en métal argenté figurant des fleurs de lys, rien ne résiste.

Au père de Majer, un étudiant pose la question :

– Youpin ?

Il répond :

– Oui.

Et il est tué.

À sa mère, on pose la même question et elle répond :

– Oui.

Lui dit qu'il n'est qu'un employé.

Majer a seize ans, il est seul. Il est sauvé, il a l'air si peu juif.

Il n'est donc qu'un adolescent quand tout ce qu'il connaît, dont il a l'habitude, familles, maisons, amis, amours naissantes, disparaît. Il n'existe plus rien qui tienne, plus de sécurité, d'assurance, de confort, de certitude.

Il ne peut se rattacher à rien, même pas à son physique de goy, même pas à sa mère qui lui disait :

– Tu es si intelligent, si adroit, mon fils. Un jour, tu prendras des avions.

Même pas aux colères de son père, même pas à la peur qu'il ressentait quand il criait son nom :

– Majer ! Majer, tu n'es rien, tu es nul, tu n'es qu'un bon à rien. Tu finiras dans le caniveau.

Il ne peut plus se rattacher aux coups de son père, ni à l'odeur des croissants aux noix, à leur goût de cannelle, même pas aux larmes de sa mère Ruchla, même pas à la douceur des seins de Jenska, même pas à la forêt de bouleaux où ils se cachaient, même pas au dégel et au printemps, même pas aux rouleaux saints de la Torah de la synagogue qui ont brûlé alors qu'ils sont la protection et la puissance divines, qu'à leur proximité rien ne peut vous arriver et cela aussi est un mensonge. Sur sa terre, tout est éphémère, il n'y a ni puissance, ni protection, ni joie qui tiennent. C'est ainsi. Il faut s'habituer.

Majer fuit Sanok et il lui semble, déjà, que Sanok dans sa totalité a disparu. Il n'a plus d'enfance, même les souvenirs sont incertains. Il sait déjà que sa vie, sauf de rares parenthèses, ne sera que destructions et violences.

Bien plus tard, peut-être la neige évoque quelque chose, il se dit, Je me souviens, j'ai déjà connu cela, ce flocon de neige qui déjà a fondu sur ses doigts. Une parenthèse.

Parfois la peau d'une femme, un goût de cannelle lui rappellent un temps disparu.

Il pourrait aller en Amérique ou en Angleterre, il pourrait aller au Brésil, il va en France. En 1920, le monde est ouvert. On peut demander un visa, payer un trajet en bateau.

À Czernowitz, de nombreuses compagnies de navigation ont des représentants. Des enseignes pour le Norddeutscher Lloyd Bremen-Amerika, la Cunard Line, la Canadian Pacific Steamship Company, la N.G.I. comme Navigation générale italienne, la Transat, compagnie française, Brésil, Argentine, Uruguay. Il regarde les affiches. L'Uruguay ? Il n'a pas les cent cinquante dollars pour payer un billet aller en troisième classe. Alors il prend le train à Kiel jusqu'à Strasbourg.

Il faut continuer de marcher, il ne comprend pas la langue, on se répète qu'en France, au pays des droits de l'homme, les juifs ont le droit de vivre.

Il arrive à Strasbourg, seul. Un réfugié qui exerce le métier de ceux qui partent, qui n'ont pas de diplôme, qui parle mal la langue, qui ne possède qu'une valise, comme ce Polonais arrivant de son shtetl à Vienne dans le petit livre de Joseph Roth, *Viens à Vienne je t'attends* sauf que, Max, personne ne l'attend, il vend ce qu'il trouve.

Il retrouve d'autres exilés de Galicie, de Moldavie, de Ruthénie, on ne parle pas du passé, de ce qu'on a laissé, des mères, des jardins, des maisons de bois, mais de ce qu'on peut faire maintenant.

Il reste une semaine apprenti chez un boucher casher, trois mois employé chez un fripier, il est embauché dans une grande brasserie, on ne le garde pas, « un freluquet », lui assène le patron, il devient vendeur chez le coutelier Deetjen. Cela lui plaît.

Le dimanche, il fait les marchés et les brocantes, il ramasse des vieilleries, trouve un lot de verres gravés dans une caisse en bois abandonnée, dont certains ne sont pas ébréchés, déniche des assiettes joliment peintes, un décor de fleurettes bleues, elles ne sont pas toutes brisées, les revend à des clients rencontrés chez Deetjen. Son patron l'apprend et le vire, et puisqu'il parle couramment allemand, tchèque, polonais, hongrois et yiddish, il devient voyageur de commerce pour un grossiste en porcelaine et cristal établi à Strasbourg. Il va retourner en Bohême dans les cristalleries, choisir les plus beaux verres, négocier les prix. Il revient comme un étranger, il n'est plus le fils de son père. Il change de fournisseurs. Il ne veut pas qu'on l'interroge, qu'on lui demande des nouvelles de la famille qui n'existe plus.

Il ne se nomme plus Majer, mais Max.

Max Schneck est, selon les jours et le lieu, allemand en Allemagne, tchèque en Tchécoslovaquie, polonais en Pologne, hongrois en Hongrie.

Un ancien citoyen de l'Empire austro-hongrois qui lui aussi a disparu.

Il est désormais qui il souhaite.

Sans passé, les racines arrachées puis détruites, la seule voie possible est de s'inventer. Il n'y a ni lignée, ni héritage, ni meubles, ni immeubles, ni paysages à transmettre, il reste les bagages de l'exilé, seul un métier dont il a commencé l'apprentissage. Vendre comme son père avant lui.

Quand on l'interroge sur sa dextérité, son savoir-faire, il ne répond pas et il rit, d'un rire long et inquiétant qui interdit toute autre question.

Il sait détecter la teneur en plomb d'un cristal, d'un coup d'œil sans avoir à toucher l'épaisseur du verre, évaluer la finesse des gravures, il sait écouter le verre, le son plus ou moins aigu. Ce qu'il préfère, c'est admirer le travail à la main des ouvriers sur les porcelaines. Il observe les personnages dans les scènes sentimentales, les lèvres et les joues roses des jeunes filles et des jeunes gens, leurs costumes folkloriques ou, encore mieux, quand ils sont vêtus de costumes anciens, la taille prise, la gorge des filles, les fesses des garçons moulées dans d'étroits pantalons, le bombé des pétales de fleurs dont leurs têtes sont couronnées. Il a un goût.

Il est adroit avec l'argent, il possède assez pour louer deux pièces carrées et blanches dans un immeuble neuf à Schiltigheim, quartier des employés en brasserie, qui offre aux locataires un confort moderne, eau et gaz à tous étages. Il se meuble d'un lit bateau recouvert d'un drap de velours vert et coussins assortis, d'une table en chêne aux pieds travaillés, deux chaises de bistro, il suspend au mur un tableau qui étonne les visiteurs. Il reçoit des filles et des garçons, jamais plus de deux fois de suite.

Il ne veut pas se lier, il a déjà perdu les seuls liens possibles.

Il n'a pas l'air juif. Il est très blond, les yeux bleus très effilés, pas très grand, mince, sans muscles.

Il porte des costumes cintrés, quatre boutons, un style un peu voyant.

C'est ainsi que Majer Schneck devient Max Schneck.

Il a trois amis. Un brocanteur installé à Strasbourg d'une cinquantaine d'années. Un type qui achète et vend de l'or, un filou qui a fait de la prison. Et la veuve d'un bijoutier qui élève seule son fils. Ils se retrouvent le vendredi soir pour dîner d'un bouillon à la viande chez elle. Ils sont juifs, tous de ces pays indéfinis en voie de disparition. Le vendredi soir, il participe à un shabbat sans prière, un reste de leur passé dont ils ne parlent pas. D'ailleurs, si cela est entendu entre eux qu'ils sont juifs – et ce n'est pas un hasard s'ils ont choisi le vendredi soir pour se retrouver –, ce n'est jamais non plus dit. Lors de ces dîners, on échange des mots en yiddish, on se traite de schmock et de schmiel, on peut avouer ses méfaits, raconter des blagues juives. Max offre des cadeaux à Adèle Bernstein et à son fils Simon. Un service d'assiettes blanches ornées d'un simple filet doré pour elle. Un train mécanique pour lui. Elle s'exclame en rougissant :

– Max, tu le gâtes beaucoup trop.

Elle est très séduite par Max. Elle a vingt-huit ans, Max en a vingt-deux, elle coiffe ses cheveux châtains frisottés d'un carré court, ses yeux sont cernés, ce qui n'est pas sans charme, pense Max. Puis il se ravise, les jambes sont trop lourdes. Et surtout ce serait la fin de leur amitié, des dîners du vendredi soir. Elle se résigne. Jean Stein, le brocanteur, le plus installé des trois, sa famille est alsacienne depuis 1850, lui a déjà fait comprendre qu'il ne serait pas opposé non plus à ce que Max le raccompagne dans sa garçonnière. Il se résigne lui aussi. Il n'en veut pas à Max, lui présente ses clients. Cela peut toujours servir.

Quant à Jacob, le négociant en or, il est marié à une femme invisible et il est le seul qui ne semble pas attiré par les yeux bleus, les cheveux blonds du petit Hongrois. Il est le plus généreux des trois. Il aide Adèle Bernstein, lui offrant ce qu'il a volé, bijoux, pièces d'or, coupures en marks et en dollars.

Ils sont amis et « on ne couche pas avec ses amis », c'est la seule règle à laquelle ils se tiennent ; dès lors, ils encouragent Max à se marier, à avoir un enfant et établissent des listes de prétendantes.

Max n'est pas riche mais il a de l'argent, il n'a pas de patrie, il ne possède aucune morale, il fréquente des gens comme lui, sans famille, il couche avec des filles et avec des garçons qu'il ne revoit pas, il est sans classe sociale, il n'est ni un ouvrier, ni un bourgeois, il est ambigu, secret, indéfinissable. Il est impossible de répondre à la question : D'où vient-il ? Qui est-il ? Un juif, telle une caricature pour antisémite. Il est coupable d'une faute qu'il n'a pas commise, et qu'une vie entière ne saurait réparer.

C'est cet homme qui appartient à *plusieurs peuples* que Paula de Transylvanie, hongroise, roumaine, puis Paulette la Française, rencontre dans un tramway à Strasbourg, le 5 juin 1930.

Paula Hercovitz, la mère de Gilbert, ma grand-mère paternelle, est née à Bistrița le 14 juillet 1909, une petite ville de la Transylvanie hongroise. Le père de Paula, comme 138 juifs de Bistrița, s'engage en 1914 dans l'armée hongroise, il est tué en 1915. À sept ans, Paula est orpheline de père.

Par le traité du Trianon, la Transylvanie devient roumaine. À l'âge de dix ans, Paula la petite Hongroise change de nationalité, de langue. Elle parle allemand, yiddish et hongrois, elle doit apprendre le roumain et une nouvelle forme d'antisémitisme, le modèle hongrois est plus feutré, presque invisible, l'antisémitisme roumain est lui violent, visible, physique.

En 1922, la famille Hercovitz fuit vers la France.

Qui est-on, quand on apprend dès l'enfance que rien ne reste ? Qu'il faut toujours être prêt à tout perdre, même sa langue maternelle ?

Rien, même les murs d'une maison, une liste de camarades de classe, des habitudes, des goûts, rien ne tient.

À Strasbourg, Paula devenue Paulette a suivi un cours de secrétariat ainsi qu'une école ménagère. Elle a commencé à travailler à seize ans, et quand Max lui demande ce qu'elle fait de ses journées, à part se faire belle, elle peut lui répondre d'un ton sec et vexé :

– Je suis secrétaire-dactylo trilingue, français-allemand-hongrois.

Elle est une petite brune aux grands yeux noisette, bien juive, qui sait aussi broder, crocheter, tricoter, coudre, cuisiner, tenir un foyer.

Elle rêve d'être l'épouse d'un docteur, elle pourra s'occuper de son secrétariat, prendre les rendez-vous, rassurer les patients, répondre au téléphone, noter de sa belle écriture à la plume ce qu'il faut inscrire. Un docteur qui ressemblerait à l'acteur Ivan Mosjoukine dont elle collectionne les photos.

Elle serait une bonne épouse, elle en est certaine, mais elle a des boutons d'acné sur le nez, elle se demande comment un docteur pourrait l'aimer, elle en est là, quand Majer, dit Max, qu'elle trouve immédiatement très beau, l'accoste dans le tramway et se moque d'elle.

Elle est amoureuse.

Soixante ans après cette rencontre, les yeux brillants, elle me confiait :

– Je ne comprends toujours pas ce qu'il me trouvait.

Par leur mariage civil à la mairie de Strasbourg, la France leur apporte un début de définition auquel on peut se tenir, tout en ne leur accordant pas vraiment l'identité qu'ils ont choisie. Elle déteste cette Roumanie qui lui a pris son pays, sa langue, elle n'est pas née en Roumanie, mais en Hongrie, elle déteste ce prénom de Paula, Paulette est si chic, si français, sur son acte de mariage figure le désolant Paula. Et lui, cela fait si longtemps qu'il s'est débarrassé de Sanok et de ce prénom vieillot de Majer que, quand il entend l'officier d'état civil prononcer ce « Sanok » lors de leur mariage, il tressaille. Il l'avait oublié.

Elle a cousu sa robe de mariée, une robe fluide en soie coupe en biais, col rond, lui est en smoking. Ils sont très beaux, ils semblent installés, sans accent.

Un beau mariage.

Rien n'est plus menteur qu'une photo.

Elle est vite malheureuse. Max est un fantôme. Il l'abandonne régulièrement pour aller dîner avec Adèle Bernstein, Jean Stein et Jacob. Elle n'est pas conviée :

– Où est Max ? Où est Max ? Où est Max ?

Elle pleure et s'agite auprès de sa mère :

– Pourquoi l'a-t-il épousée pour la rendre si malheureuse ?

Paulette en est persuadée, il est beaucoup trop beau et séduisant pour elle. Il a eu une maîtresse. Il lui assure que non, qu'il s'agit de vieux amis, qu'elle s'ennuierait avec eux. Pour une fois, il ne ment pas.

Pour qu'il ne s'échappe pas, elle cuisine. Des petits croissants aux noix et à la cannelle, d'autres saupoudrés de graines de pavot, des goulaschs au zeste d'agrumes, du caviar d'aubergine qu'elle a passé plusieurs heures à préparer, brûler la peau, émietter la chair mêlée à l'oignon et au persil, du foie haché aux oignons caramélisés, de la carpe farcie, du hareng mariné dans sa laitance, des strudels aux pommes parfumés aux raisins trempés une nuit dans du rhum, pour Paulette seuls les repas accommodent leur absence d'identité solide et l'exil. Les recettes de cuisine sont ce qui reste quand il ne reste rien.

Elle a appris les recettes de sa mère qui lui venaient de sa propre mère. Une lignée, celle de la bouche, la seule qui ne se soit pas interrompue.

Max revient. Il aime sa petite femme. Il a d'autres désirs, voilà, mais il ne la quittera jamais. Il le lui jure.

Des naissances, des mariages, des vies et des morts de la famille de mon père, dans des pays qui n'existent plus, il ne reste que des fragments.

C'est en France que débute notre histoire, une histoire avec des traces, des photos, des meubles. Celle d'avant ne subsiste que dans un monde imaginaire recréé par des romanciers.

Actes de naissance, de mariage, dossiers de naturalisation, dossier militaire, dossier scolaire, actes de propriété, nous avons commencé à appartenir à une nation, une histoire, une culture, une langue. Nous étions enfin écrits quelque part.

Nous en sommes profondément reconnaissants.

Le dossier de naturalisation de Paula Hercovitz, la mère de Gilbert, est conservé dans une enveloppe en papier glacé orange aux Archives nationales.

Paula, sa mère Jeanne Schlesinger, son beau-père David Rottenberg, ses frères et sœurs ont été naturalisés deux ans après leur arrivée en France.

– Dossier de naturalisation de Paulette et de sa famille.
– La présente notice ne doit jamais être remise à l'intéressé.

À la demande des époux Rottenberg, demeurant à Strasbourg, impasse des Bonnes-Gens
David Rottenberg, né le 11 juin 1895 à Borgotika, est roumain, profession emballeur
Jeanne Schlesinger est née le 2 juin 1888, est sans profession.
En France, depuis 1922, six ans de résidence, postulant roumain, épouse roumaine, veuve d'un Roumain, deux fils et deux filles du premier lit, nés en Roumanie, un fils du second, né en Roumanie.
– A servi dans l'armée hongroise ? Oui.
– Sa moralité et sa conduite ont-elles donné lieu à quelques observations ? Non.
– Jouit-il de la considération publique ? Oui.
– Quelle est son attitude politique ? Correcte.
– Paraît-il avoir perdu tout esprit de retour dans son pays ? Oui.

Proposition motivée du rédacteur : Préfet favorable.
Pour naturalisation, mari et femme et 5 enfants au décret.
Trois signatures illisibles, date 29 janvier 1929

Nous étions donc dignes d'être français ? Ce n'est pas si certain, un carton gris clair glissé dans l'enveloppe orange nous invitait à penser le contraire. Il y aura toujours un doute.

Commission de révision des naturalisations.
Nom : Rottenberg.
Séance du 5 mars 1943.
Avis de maintien, Avis de retrait.
(*Les deux mentions sont barrées.*)
Manuscrit : Réservé divers. Signé le secrétaire (*nom illisible*)

Avis de maintien ? Avis de retrait ? La réponse est en suspens.

Nous étions des Français douteux, aujourd'hui je le suis encore. Cela est caché. À me regarder, si installée, qui pourrait le deviner ?

J'ai eu longtemps si peur que cette trouble condition soit démasquée.

Il fallait être une honorable Française, alors, avec joie et fierté, je paye mes impôts, mes dettes, j'honore toute facture. Je ne paierai jamais assez. En cela, je suis un modèle paternel, payer sa dette, payer pour sa honte.

Pierre ne prend jamais de dessert, le dîner va se terminer et je n'aurai pas osé lui poser la question :

– Pourquoi Gilbert a-t-il épousé Hélène ? Il était si gai, elle était si triste.

Hélène était très belle, les yeux vert pailleté d'or, un nez minuscule, des pommettes russes très hautes, les cheveux bruns avec de légers reflets auburn, il y avait en elle un éclat doré et malicieux que l'on pouvait encore deviner.

À la fin de l'adolescence, sa meilleure amie, Liliane, dont Pierre était amoureux, lui avait raconté ce qu'Hélène n'avait confié jusque-là à personne.

Pendant l'hiver 1943, Hélène, qui avait onze ans, était cachée dans un couvent dans la région de Clermont-Ferrand. Elle était terrorisée, ignorait si elle allait revoir sa famille un jour, elle avait froid, avait du mal à supporter la promiscuité, la saleté. On ne se lavait qu'une fois par semaine dans un bidet d'eau froide. C'est dans ses conditions qu'elle a eu ses règles, sans savoir ce qui lui arrivait, si elle était malade, si elle allait mourir. Sa mère ne lui en avait jamais parlé.

Gilbert qui était si vivant, qui cherchait par tout moyen à être libre, a épousé une jeune femme qui vivait dans un état de peur permanent, emprisonnée à jamais derrière les murs d'un couvent.

Dans un essai qui a pour titre *Sans amour*, Pierre fait le portrait de femmes qui ont renoncé à l'amour faute de le trouver et il termine par cette phrase terrifiante : « L'amour n'est qu'une possibilité. » Pierre avait changé son prénom. Elle n'était pas sa sœur Hélène, mais sa cousine Irène. « À l'élégance discrète. » Il racontait l'histoire des règles de ma mère, de cette femme emmurée.

Après m'avoir envoyé son livre, il m'avait demandé :

– Tu n'es pas choquée ?

Et j'avais crânement menti :

– Non, non, pas du tout.

Lire des livres écrits par des proches exige une certaine compréhension, les écrire un certain égoïsme.

Pierre avait récité ce texte où il décrivait ma mère de onze ans, du sang coulant entre ses cuisses, cachée dans un couvent, ne sachant pas si elle allait vivre ou mourir, devant sept cents personnes aux Assises internationales du roman à Lyon.

Je ne savais pas qu'il allait lire ce paragraphe. Il ne m'avait pas prévenue. En l'écoutant, je fus d'abord effrayée, je regardais autour de moi, les auditeurs allaient-ils savoir comment ma mère si pudique avait eu ses règles pour la première fois à onze ans ?

Ils étaient silencieux, tendus.

Ma gêne a disparu, je comprenais enfin combien ma mère devait s'échapper par le sommeil, le silence, à la réalité, combien mon père s'était lancé dans un combat perdu d'avance : tirer ma mère vers la vie.

Lors de ce déjeuner, j'évoquai avec Pierre cette lecture, et l'effet qu'elle avait eu sur moi.

Je le remerciai, tentant une explication psychologique de supermarché sur la rédemption par l'écriture et la lecture, et comme il ne me répondait pas, je finis par deux mots interdits :

– Voilà, quoi.

Il eut un sourire ressemblant à une grimace et me demanda de ne plus employer les mots « voilà » et « quoi » à la fin de chacune de mes phrases.

– C'est insupportable.

Alors que j'allais partir, soulagée de ne plus être sous son regard, il me souffla :

– Pour Gilbert, épouser Hélène offrait un combat.

Réussirait-il à la rendre heureuse, à l'ouvrir au monde ?

Pierre et Gilbert parlaient d'Hélène ensemble. Comment la sauver ? Ils évoquaient la psychanalyse, la marijuana, l'érotisme.

Au tout début des années 60, tout cela était fascinant. Un monde nouveau et inconnu s'offrait après les tourments de la guerre, la pesanteur raide des années 50.

Oui, Hélène, sa fiancée si amoureuse et si pudique, pourrait faire une psychanalyse, elle briserait les murs du couvent de l'hiver 1943 derrière lesquels elle était restée enfermée.

Oui, la psychanalyse sauverait Hélène des murs de son passé, ce que ni Gilbert ni Pierre n'acceptaient d'envisager pour eux-mêmes.

Ce fut un échec.

J'étais enfant, maman ne pouvait ni m'embrasser, ni me caresser, ni me prendre dans ses bras. Je lui pardonnais, elle était emprisonnée.

J'avais mal au ventre, mon père accourait, posait ses mains tièdes sur mon ventre, sur mon front, sur ma nuque, remontait mes draps et la couverture. Il savait et lui pardonnait aussi.

Ce n'était qu'un combat de plus.

Le seul sujet à propos duquel Gilbert avouait être tourmenté, être incapable d'apaisement, qui serait sur son lit à l'hôpital, la veille de sa mort, une de ses dernières questions à Pierre :

– Avec les femmes, comment fait-on ?

Hélène et les autres femmes dont il tombait amoureux, que l'on désire pour une nuit ou plusieurs, comment fait-on, mon vieux ? Est-ce que tous les hommes ne sont pas déchirés, coupés en deux, d'un côté la mère aimée de ses enfants et de l'autre celles qu'on n'a pas épousées ?

– Tu fais comment toi ?

Pierre, qui avait aimé la même femme fidèlement pendant quarante ans, ne sut pas quoi lui répondre.

J'aurais aimé affirmer à mon père qu'il faut les aimer entièrement et fidèlement.

Adolescente, j'avais osé le confronter. Une fois, une seule. J'ai défendu ma mère qui me paraissait incapable de le faire seule :

– Tu ne peux pas avoir le beurre, l'argent du beurre et le baiser de la crémière.

Il avait été clair. Je ne savais rien de la vie, et sa vie ne me regardait pas.

Au fond, je finis par le croire, l'amour fidèle, entier, m'a longtemps paru impossible.

La manière dont Hélène, ma mère, aimait Gilbert, mon père, entièrement et fidèlement, lui pardonnant tout, il fallait s'en défendre, pour ne pas être blessée.

J'ai mis longtemps à comprendre que Gilbert et moi avions un point commun, nous nous trompions, nous ne savions pas être aimés.

2

La destruction et l'enfance

Le jour de mon entrée en CP, j'ai testé l'amour de mon père.

M'aimerait-il toujours si j'étais une idiote ?

Ma maîtresse, Marlène Gauneau, belle, élégante, affectueuse (elle me surnomme tout de suite Colombine et je n'en reviens pas, je suis amoureuse d'elle), nous a appris à lire les deux premières lettres de l'alphabet puis nous a emmenés en bibliothèque, elle a commencé à lire un conte suédois, *Les Patins d'argent*, s'est interrompue trop vite et nous a expliqué :

– Si vous voulez connaître la suite de l'histoire, vous n'avez qu'à apprendre à lire vite fait.

C'est ce que je me promets de faire.

Ce premier jour, mon père m'interroge et je m'amuse, je ne sais rien. Ni le A, ni le B. Il répète, me montre, m'explique BA, AB, et moi, rien, rien de rien, je ne comprends rien, je ne sais rien. Il s'énerve. Cela ne change rien, je ne sais pas, ni le A, ni le B.

Il s'emporte et me gifle. Et déjà il n'en revient pas, comment rattraper son erreur, il s'en veut terriblement, et, cette gifle, il me la rappelle souvent :

– Mon seul regret.

Moi, je m'amuse de sa culpabilité. Il me doit tout, me donne tout en échange de son amour, j'apprends à lire très vite et je lis tout et n'importe quoi.

Idiote ou non, il m'aime de manière indéfectible, comme lui a été aimé par ses parents. Il dit aussi :

– Les parents doivent tout à leurs enfants, leurs enfants ne leur doivent rien.

En 2005, je m'installai chez ma grand-mère pour qu'elle me raconte le passé, son mari, son fils, la guerre était à peine évoquée. Je cherchais ce que je ne connaissais pas, que je devinais trouble, honteux, mystérieux.

Ses parents l'avaient nommé Gilbert parce qu'en 1932, année de sa naissance, c'était le prénom à la mode et que leur fils était français.

Son père était si fier et se rassurait, un Gilbert avec ce nom de famille de Schneck, qui peut passer pour alsacien, ne peut être victime d'un pogrom, un Gilbert Schneck de nationalité française ne peut être condamné à l'exil.

Gilbert Schneck parlera le français, l'anglais et l'espagnol tels qu'on les apprend au lycée, trois mots de yiddish, quand Paulette et Max en accumulaient sept ou huit langues à eux deux.

Il n'a pas besoin de partir. Il n'a pas besoin de passé.

Il est le premier d'un nouvel état, avant lui tout était ballotté, hésitant, violent, il doit apprendre à se projeter, à se définir par ce qu'il est dans le moment présent, en espérant que le passé n'ait aucune importance.

Je laissais donc Paulette me répéter une série d'anecdotes assez mignonnes sur la petite enfance de mon père, prouvant combien il était le fils le plus intelligent et adorable qu'une mère (juive ou non) ait porté.

Pour être certaine que je les utilise et les comprenne, elle les avait soigneusement rédigées à l'encre sur des feuilles de papier quadrillé, une suite de petits paragraphes.

À Strasbourg avant la guerre

Gilbert gardait les mains en l'air quand il marchait dans la rue pour ne pas les salir afin que je n'aie pas à laver ses gants. Je lui lisais *Le Petit Chaperon rouge* et imitais le loup. Il l'applaudissait à chaque fois. On le surnommait Muck ou Muckle, petite mouche.

Il avait entièrement démonté sa machine à écrire pour voir comment on écrivait et avait montré fièrement les petites lettres de plomb posées sur la table de sa chambre. Son père lui avait chuchoté en hongrois :

– Ne le gronde pas, c'est un signe de grande intelligence et de curiosité.

La perte de la machine était tout à coup si peu de chose devant la grande joie de Gilbert.

Les chemises en soie

Gilbert avait quatre ans. Je lui ai fait faire sur mesure des chemises en soie, notamment deux en crêpe de Chine gris argenté aux motifs minuscules rouges et bleus et je lui avais confectionné des boutons de manchettes assortis. Il les portait avec une culotte de velours bleu marine. Comme il était beau. Je le vois devant moi avec son sourire merveilleux. Certes, j'étais une mère aveuglée, j'adorais mon enfant.

Il était mon tout. Un de mes beaux-frères fut indigné de le voir ainsi vêtu et me fit la remarque suivante : « Crois-tu que ton fils te respectera plus tard davantage et qu'il visitera ta tombe plus souvent ? »

Finalement, c'est moi qui l'ai accompagné au cimetière.

Quelle injustice !

La chambre de Gilbert

Sa chambre était une des plus grandes pièces de notre appartement.

Au milieu, une grande table basse sculptée avec un dessus en marbre et quatre chaises assorties. À gauche, son cheval à bascule, son petit lit derrière, à côté du lit, un rayonnage avec ses jouets.

Un très large divan-lit en velours gris à rayures avec beaucoup de petits coussins. Avec son père, nous le bombardions avec des coussins, qu'il nous renvoyait avec des éclats de rire. Heureux de vivre !

Quatre-vingts ans après, à la lecture de cette phrase, leurs éclats de rire raisonnent encore.

Nous sommes installés pour dîner dans la salle à manger aux boiseries vieux rose de l'appartement familial de la rue du Val-de-Grâce, assis sur des chaises dessinées par Marcel Breuer, autour d'une longue table de marbre blanc, j'ai dix ans, mon père m'imite, il imite ma maladresse, ma manière de parler trop vite, d'être dans la lune, je ris, je ris tellement, je dois recracher l'eau qui est dans ma bouche et je tombe de ma chaise.

Ces moments de joie ont traversé intacts les départs, les morts et les silences, on peut les rattacher les uns aux autres, en dressant la couronne de mon père.

Mon père n'aura connu qu'une année de tranquillité.

Gilbert, le petit Gilbert si joyeux et tendre, si français, a un an quand Hitler est élu chancelier à dix kilomètres de son berceau.

Max n'a aucune illusion sur ce qui les attend.

Paulette fait des cauchemars toutes les nuits, elle sait ce qu'un bruit inhabituel la nuit, une porte qui s'ouvre, des pas trop nombreux, des cris et des pleurs, signifient. Elle est cette jeune épouse, très amoureuse de son mari, une mère adorant son fils, ils vivent dans un appartement aux grandes pièces claires et modernes, elle est enviée, elle a honte d'être aussi seule et d'avoir peur.

En attendant la catastrophe, Gilbert vit dans son petit lit-cage, recouvert d'un élégant velours vert, dressé dans la pièce qui sert aussi de salle à manger, sur la cheminée est posé l'étrange tableau aux taches de couleurs vives qui le fascine, sa mère est là, son père est en voyage, il revient toujours. Gilbert a ses habitudes, le café au lait du soir et le dîner de tartines, sa mère qui le rejoint.

Gilbert pourra affirmer plus tard, J'ai eu une petite enfance heureuse et protégée. Nous habitions un appartement 3, boulevard Paul-Déroulède dans un immeuble moderne, blanc, de grandes pièces aérées avec salle d'eau. Ma mère s'inquiétait, car je riais trop et elle craignait que je ne m'étouffe. Mon père la rassurait.

Je pourrais répéter les mêmes phrases, j'attendais une catastrophe qui n'est jamais venue. Ma vie ne serait pas identique à celle de mon père.

Le 9 septembre 1939, avec ses parents, Gilbert va faire son premier voyage. Ils montent tous dans un train pour Périgueux. Il n'a pas encore sept ans, il est fier, il est excité, sa mère a préparé des provisions, cela dure deux jours, ils dorment dans le train, les cabinets sont bouchés, sa mère se plaint, elle a pris bien davantage que les trente kilos de bagages autorisés, des draps de lin brodés de simples pois, un service à thé, à café et à chocolat en argenterie, une dame apprend à Gilbert à chanter :

– Que tu es belle, que tu es douce dans le contentement, quand tu me parles et que tu m'écoutes.

J'ai commencé par Périgueux car le seul souvenir que mon père racontait de son enfance se passe ici. Un souvenir très heureux. Il a appris à pêcher la truite à la main.

Et pour une autre raison, peu avouable. J'avais l'espoir, aussi banal qu'idiot, de retrouver mon père. Je rêvais que, dans ce lieu d'un souvenir heureux de son enfance, il avait choisi de vivre après sa mort, m'attendant sur les quais.

Le 11 avril 2016, j'ai donc pris le train à 7 h 40 à la gare d'Austerlitz, m'étant réveillée toutes les heures la nuit de peur de le rater.

En descendant sur le quai à Périgueux, à 11 h 20, mon père ne m'attend pas, il pleut.

J'en suis là, étonnée, quand j'aperçois un parapluie neuf, plié dans son étui en nylon noir, couché sur un banc, abrité sous l'auvent du quai. Je souris, c'est bien mon père qui m'a laissé ce parapluie, il ne veut pas que j'attrape froid, il me souhaite la bienvenue.

Je m'empare du parapluie, ravie, je l'ouvre et je le referme aussi vite.

Honteuse, je vais le déposer au service des objets trouvés, ce parapluie ne m'appartient pas, ce n'est pas mon père qui me l'a laissé, il est mort il y a vingt-cinq ans.

Bernard Reviriego a longtemps été chercheur aux Archives départementales de Dordogne. Il a dépouillé, lu, ordonné, pendant vingt ans l'ensemble des correspondances administratives du département de Dordogne pendant la Seconde Guerre mondiale.

Il est à la retraite et continue de travailler chaque jour.

On se retrouve dans un restaurant végétarien situé en face du massif bâtiment des archives. Il porte une chemise à fleurs rouges, il est à la fois, ce qui est rare, très souriant et indigné.

Rapports, notes de préfets et sous-préfets et de maires, fiches de recensement, factures, procès-verbaux, réglementations, tout ce qui concerne l'application des différentes lois du gouvernement de Vichy sur les juifs est ici classé en partie grâce à lui.

Tout cela n'existait pas officiellement avant qu'il commence son travail.

Dès l'automne 1939, la population de Strasbourg, 190 000 personnes dont 9 134 juifs, est rapatriée en Dordogne.

L'administration française écrit, accueille, organise.

Les enfants des femmes et des hommes qui avaient vécu ici cherchaient des traces.

On leur répondait :

– Il n'y a rien, rien ne s'est passé en Dordogne, à part la Résistance et les actes de guerre de l'armée allemande.

Ils insistaient :

– Nous avons vécu ici, et nos familles.

On leur répondait :

– Tout a été détruit.

– Les listes avec nos noms, ces bordereaux que nous devions remplir, les fiches avec les cases que vous cochiez, vous n'en avez gardé aucune trace ?

– Non, il ne reste rien.

– Ceux qui nous ont aidés, hébergés, nourris, cachés ?

– On ne les connaît pas.

Bernard Reviriego a décidé que la tâche n'était pas trop grande.

Il me raconte, en goûtant son risotto à la fève, pourquoi l'obligation de déposer dans un fonds accessible tout ce qui concerne l'action publique est une nécessité démocratique.

Les Archives nationales ont été créées à la Révolution française afin que chaque citoyen puisse contrôler l'action de l'administration. Les tentatives d'enfouir certains fonds sont grandes. Les archives de Vichy étaient là, certains avaient décidé qu'il fallait oublier leur existence. Lui, non.

Aujourd'hui, Bernard est en colère. Une colère qui ne pèse pas, il est optimiste, ne se résigne pas.

Il me montre une lettre du maire de Sarlat, Jean-Jacques de Peretti.

En 2005, Bernard avait pu établir une liste des noms d'enfants, de femmes et d'hommes déportés de Sarlat dans des camps nazis. Depuis dix ans, la mairie « réfléchit » à poser une plaque avec les noms de ces morts sans stèle.

Après avoir traîné pendant dix ans, Bernard est persévérant, Jean-Jacques de Peretti a fini par refuser.

Bernard me donne l'explication du maire de Sarlat au fils d'un des déportés qui s'inquiétait de refus de la ville de mettre le nom de son père sur le monument aux morts : Sarlat ne peut financer des actions qui reflètent des convictions, elle doit rester neutre au nom du vivre ensemble. Le devoir de mémoire doit relever du for intérieur.

Bernard s'étrangle :

– Soixante-dix ans après la guerre, la collaboration, la mémoire de la déportation est donc une conviction et non un fait pour le maire de Sarlat !

Il me montre d'un geste la direction du bâtiment des archives départementales.

– Il suffit de chercher, c'est la meilleure réponse, à ceux qui vous expliqueront que « le devoir de mémoire doit relever du for intérieur ». Quelle foutaise, je le lui mettrais bien où je pense son for intérieur. Pardon, je m'égare.

Il se calme et commande une mousse au chocolat végétale.

– La mémoire des méfaits est aussi essentielle que la mémoire des bonnes actions.

Dans une boîte consacrée à l'évacuation de Strasbourg en 1939, la fiche cartonnée, blanche de Paula Schneck

Commune d'accueil : Trélissac

Département : Dordogne, commune de Périgueux

Nom : SCHNECK, née Hercovitz

Prénoms : Paulette

Née : 17 7 1909 à : Bistrița (Roumanie)

Nationalité : française

Mode d'acquisition de la nationalité : décret du 7 avril 1929.

Profession : dactylo

Aptitude professionnelle : malletière

Occupation actuelle : auxiliaire – mairie de Périgueux

Domicile au moment de l'évacuation : 3, avenue Paul-Déroulède

Moyens d'existence : allocation

Situation de famille (rayer les mentions inutiles) : mariée

Enfant de moins 13 ans : Gilbert, né à Schiltigheim.

En Dordogne, en septembre 1939, chaque maire de village propose un nombre de rapatriés qu'il est prêt à loger et à nourrir.

Le sous-préfet de Bergerac fournit au préfet de Dordogne une liste de villages et, en correspondance, le nombre d'évacués susceptibles d'être reçus.

Il conclut sa fiche par :

– Ce qui porte à 4 370 évacués que l'on peut diriger sans retard sur l'arrondissement.

La minutie de l'organisation, la générosité des maires et des habitants de Dordogne, de Haute-Garonne, des Landes, d'Indre, vont permettre d'accueillir plus de 370 000 Alsaciens.

Pourquoi aujourd'hui, en France, cela est-il impossible ?

Mon amie Emmanuelle, volontaire dans une association d'aide aux migrants, rentre de Calais, me raconte le contraire. Le mélange de « rien », d'hommes, de femmes, d'enfants laissés dans la boue comme des animaux, et de « trop » de l'administration française, qui, au printemps 2016, envoie 120 fonctionnaires et 3 millions d'euros d'un coup après n'avoir rien fait, là où les ONG font mieux avec le tiers de moyens :

– Est-ce qu'un seul fonctionnaire a visité, interrogé, évalué les besoins ?

Les tonnes de vêtements qui arrivent et qu'il faut des semaines et des semaines pour trier, ce sont des dons inutiles, car ils sont mal évalués. Le choix d'installer des baraques loin des routes et des commerces, c'est une perte de temps pour tout le monde. Et brutalement tout est détruit, comme si ces hommes, ces femmes, ces enfants n'existaient pas.

À la gare du Nord, trois jeunes Afghans me demandent de leur montrer comment fonctionne la machine électronique pour acheter leurs tickets de train pour Calais. Je propose de leur acheter les places, ils ne possèdent pas de carte bleue. Ils comptent leurs billets pour me rembourser en liquide. Je refuse. Le plus âgé insiste. J'accepte la moitié de la somme. Je repars avec trente euros qui appartiennent à trois exilés. Je n'aurais pas dû. Mes grands-parents étaient des exilés qui fuyaient la violence, ils ont été accueillis, ils ont reçu la nationalité française. Je suis leur petite-fille.

Comment traverser l'Histoire et bien agir pour les autres et pour soi ?

Dans les dossiers rassemblant la correspondance de la préfecture de Périgueux, on apprend que les évacués alsaciens reçoivent une allocation de 10 francs par famille et par jour, 300 baraquements sont construits. Des pavillons pour l'enseignement, des hôpitaux, des cantines sont aussi érigés.

Des familles, des institutions religieuses, des internats offrent des chambres, des repas, des chandails. Sur une feuille à petits carreaux :

– Trois paires de bottes, quatre chandails taille garçon 8 ans.

Gilbert a huit ans, il apprend cela à son tour ; on peut perdre ce qui est familier, ce qui vous appartient peut en instant ne plus vous appartenir, toute chose est remplaçable sans regret, ce ne sont que des choses.

Adulte, il collectionne, admire les objets, il s'en défait aussi. Une chouette dessinée à la gouache bleue, une bague dont le serti représente la place Saint-Marc à Venise, un coquillage à la nacre mauve, soudain si précieux et indispensable à sa collection, est offert dès qu'il sent qu'il existe un désir plus important que le sien.

Il avait ce don d'observer chez l'autre ce qui manquait et qu'il saurait accepter, ravi.

Nous sommes tous si gâtés.

Après sa mort, je n'avais plus droit à rien, un cadeau qui n'était pas choisi par lui n'était pas mérité ; sans lui, je ne savais plus recevoir, je ne désirais plus rien.

En septembre 1940, après une séparation d'un an, Max rejoint sa femme et son fils. Il n'a pas la nationalité française et a choisi de rester à Strasbourg tant que cela était possible. Il fait des affaires, connaît du monde et n'a peur de rien.

Max est si débrouillard. Il trouve un logement pour Paulette et Gilbert qui peuvent enfin quitter les différents hébergements d'urgence qu'ils ont occupés pendant un an. Une minuscule maisonnette, presque un abri à outils amélioré, au fond d'un potager à Trélissac, un village à l'entrée de Périgueux où vivent les ouvriers, en majorité communistes, qui travaillent pour les ateliers Paris-Orléans.

Gilbert est inscrit à l'école communale de Trélissac. Paulette a trouvé un emploi de dactylo bilingue français-allemand pour l'administration de Strasbourg repliée en Dordogne. Et Max ? On ne sait pas très bien. Il voit des connaissances. Il écoute, observe, se demande ce qu'il y a à acheter et à vendre. Il s'adapte vite au marché local. Les réfugiés alsaciens vendent, à bas prix, de l'or, des bijoux, du linge de maison, des tableaux. Max se fait intermédiaire, cherche des acheteurs. Il les trouve dans la bourgeoisie bordelaise grâce à un antiquaire hongrois qui importe, de son pays natal, des parquets de chêne pour restaurer les châteaux des nouvelles fortunes du vin. Max s'absente à nouveau.

Une vie s'organise.

Aux archives départementales de Dordogne, sur les conseils de Bernard Reviriego, je lis la correspondance de la préfecture. Les lettres, rapports, notes rédigés par le préfet et reçus par lui. On pose les boîtes les unes après les autres devant moi, 1940, 1941, 1942, 1943, 1944. Il suffit de lire. En France, tout est écrit. Cela commence ainsi :

– Rapport secret du 7 août 1940 du commissaire spécial des évacués du Bas-Rhin.

À Mulhouse, les israélites restés sur place sont astreints à balayer, nettoyer et à répondre obligatoirement à la question :

– Qu'est-ce que vous êtes en train de faire ?

– Nous allons apprendre à travailler.

Un médecin, le Dr Elias, et un commerçant du nom de Brunschvicg se sont suicidés.

Ce sont des fichiers de recensement comme l'administration française en produit soigneusement tant d'autres, électeurs, allocataires, titulaires du permis de conduire.

Celui-là a été préparé de manière urgente et secrète.

C'est indiqué en haut à gauche dans une lettre du préfet de Dordogne : « Secret et très confidentiel ».

Il s'appelle Maurice Labarthe. Le 14 juin 1941, il s'adresse aux sous-préfets et aux maires des cantons de sa zone non occupée et leur demande d'établir un nouveau type de fichiers :

> Afin de respecter la nouvelle loi sur le statut des juifs, de préparer le nombre de juifs ou réputés juifs résidant dans vos communes [...] vous devez nettement distinguer les juifs français et les étrangers. [...]
>
> J'insiste vivement sur l'urgence qu'il y a à me fournir cette liste en double exemplaire par vos seuls soins, avant déclaration des intéressés, à l'aide de tous moyens d'investigation en vos pouvoirs.

Les maires répondent dans les cadres imprimés fournis par la préfecture.

Mais comment reconnaître un juif parmi les réfugiés alsaciens ?

Leurs noms à consonance germanique se ressemblent.

Leur physique ?

Blonds, yeux bleus, bruns, yeux bruns ?

Gilbert est un garçon maigrichon de neuf ans, il est blond aux yeux bleus, la tête ronde, la peau très blanche, il est sage, tendre, rit si facilement, il aime jouer aux billes, possède une magnifique collection, des calots améthyste, des petites billes chinoises rouges et jaunes, il les montre, les prête, les donne. Il est bon camarade et bon élève.

A-t-il l'air suffisamment juif ?

Les maires de Dordogne font leur travail, envoient tous leurs comptes de juifs, même s'ils se plaignent que ce travail n'est pas aisé. Le maire de Salagnac écrit ce message au préfet :

– Aussi complète que j'ai pu, étant donné les investigations à faire sans éveiller les soupçons des intéressés. Je m'excuse du retard apporté.

Un fonctionnaire refuse, il s'appelle Maxime Roux, il est inspecteur de l'académie :

– J'ai l'honneur de vous faire connaître que je ne me reconnais pas la possibilité d'enquêter auprès des enfants qui fréquentent les établissements publics pour connaître leur religion et leur race.

Le maire de Trélissac, où vivent depuis presque deux ans Gilbert, écolier de neuf ans, et ses parents, fait des taches d'encre, il rature, il compte 26 juifs français, puis en a trouvé 4 de plus, ce qui fait 30. Il ajoute 24 enfants, 2 commerçants, ce qui fait un total de 13 familles juives. Il inscrit cela sur une feuille blanche à petits carreaux d'écolier :

– 26 juifs français + 4 = 30

24 enfants, 2 commerçants = 13 familles juives
Il appose son tampon de maire et signe.

Le préfet Maurice Labarthe (je répète son nom pour qu'on ne l'oublie pas) Maurice Labarthe établit une nouvelle liasse remplie à l'encre bleue d'une écriture soigneuse. Il indique au crayon à papier gras rouge :

– D'après le recensement de 1941.

Deux colonnes à l'encre, Juifs français / Juifs étrangers, divisées pour chaque commune de l'arrondissement de Périgueux.

Les chiffres sont au crayon à papier, cette fois il n'y a pas de rayures :

– Trélissac

83 juifs français, 138 juifs étrangers

Les fiches de comptes établies, le préfet Maurice Labarthe peut envoyer un télégramme au ministère de l'Intérieur à Vichy le 21 juin 1941 avec le nombre de juifs français, étrangers, commerçants, non commerçants dans son département.

Le ministère de l'Intérieur lui répond qu'il va :

– Bientôt recevoir de nouvelles instructions pour le recensement des juifs. Ces statistiques sont trop approximatives.

Le lieutenant-colonel Marty écrit à Maurice Labarthe une lettre tapée à la machine, sous un tampon en lettres majuscules rouges :

TRÈS CONFIDENTIEL

J'ai l'honneur d'attirer votre attention sur les points suivants. De nombreux Alsaciens se plaignent que les juifs étrangers se font passer pour des Alsaciens en vue d'être admis dans la communauté française. Certains prétendent avoir perdu leur pièce d'identité et se contentent de présenter la carte rouge de réfugié du Bas-Rhin. D'autres insistent sur le fait que leur femme est française, leurs enfants sont français, or il s'agit souvent d'une juive naturalisée.

En conséquence,

J'ai l'honneur de vous proposer de soumettre les listes de recensements des juifs à quelques personnes compétentes. Certains inspecteurs de police d'origine alsacienne, aidés de quelques Alsaciens bénévoles se chargeront de vérifier rapidement si les juifs étrangers n'ont pas essayé de se « passer » pour des Français.

Qu'es-tu devenu, lieutenant-colonel Marty ?

Maurice Labarthe, comme tous les préfets, a des difficultés à établir des fichiers de juifs. Comment savoir qui est juif, qui ne l'est pas ?

Puisque la mention n'existe pas dans les recensements, on va demander aux juifs de le faire eux-mêmes, de se déclarer. Et ils vont le faire. Pour une grande majorité d'entre eux, il est impossible de ne pas obéir à l'administration.

Claire Zalc et Nicolas Mariot, dans leur enquête *Face à la persécution. 991 juifs dans la guerre*, reproduisent des lettres de citoyens français qui se déclarent aux autorités comme juifs.

Ces lettres sont rédigées avec soin :

– Je vous prie d'enregistrer ma déclaration

– Avec mes remerciements anticipés

– Recevez, monsieur le préfet, mes salutations distinguées

Lisez comme nous sommes de bons Français, bien éduqués, polis.

Moins ils sont insérés dans la population française, plus leur nationalité française est récente, plus ils se déclarent.

Paulette veut se déclarer, montrer qu'elle est une récente mais loyale Française obéissant à cette obligation de recensement. Max ne veut pas. Il a toujours eu l'obsession de ne laisser aucune trace. Comment admettre que la loi française peut être injuste ? Il est encore trop tôt et ils se déclarent.

Grâce aux déclarations volontaires et aux dénonciations, sous les ordres de Maurice Labarthe, de nouvelles fiches avec nom, prénoms, date de naissance et adresse sont établies.

Il passe commande de fiches cartonnées de couleur portant chacune des lettres en caractères gras (bleu pâle avec lettre J, bleu foncé avec JN, jaune JP) afin d'établir des fichiers à entrées multiples. Juifs, français, étrangers, commerçants, non commerçants, écoliers.

Des fiches cartonnées bleu pâle à petits carreaux remplies à la main d'une écriture très fine, presque transparente, qui sont toujours rangées dans des boîtes aux archives départementales de Dordogne.

Des listes de noms parmi eux.

Juifs français à Trélissac

– Paulette Schneck, dactylo, née Hercovitz, née le 14 juillet 1909 à Bistriţa, Roumanie, domicile à Périgueux, rue des Fleurs, Les Maurilloux

– Gilbert Schneck, écolier, 9 ans, né le 23 décembre 1932 à Schiltigheim, domicilié rue des Fleurs aux Maurilloux à Trélissac

Juifs étrangers à Trélissac

– Majer Schneck, ex-commerçant, nationalité polonaise

(*Sans davantage de précisions*)

Il y a ces listes de juifs étrangers, ceux qui ne se sont pas déclarés, ceux qui se sont déclarés mais qui ont disparu, et il y a mon grand-père, Majer dit Max, dont je ne sais rien, sauf qu'il mesure 1 m 70, qu'il est blond aux yeux bleus, qu'il porte des chemises noires sur des costumes blancs, et cravates assorties, qu'il ne souhaite pas laisser de traces et qu'il aime séduire.

L'administration mentionne une nouvelle fois Majer Schneck, dans une liste établie sous l'autorité de Maurice Labarthe, afin de l'incorporer dans un groupe de travailleurs étrangers de Mauzac.

L'administration française organise des camps de travail forcé pour les « étrangers », d'abord antifranquistes espagnols, puis exilés allemands, juifs étrangers.

À Mauzac, l'administration fournit des travailleurs pour une poudrerie locale, pour des chantiers ruraux. Dans d'autres camps, ce sont des travaux saisonniers, ou en usine, toujours sous surveillance. Les juifs étrangers, conduits sous escorte policière, sont prisonniers.

Le 7 juin 1941, d'une écriture enfantine, Majer Schneck, juif polonais, est réclamé à Mauzac. Il est le numéro 54 de la liste, entre Szaidvasser Israël et Starck Arthur, tous domiciliés à Trélissac, Majer Schneck est apte « à incorporer » à Mauzac.

– Numéro 54 : Schneck Majer.

Le préfet Maurice Labarthe établit de nouvelles listes de juifs étrangers, ceux qui ne se sont pas déclarés, qui ont des activités non autorisées, des opinions politiques troubles :

– Indésirable, passe son temps dans les cafés.
– Genre de vie donnant lieu à la critique.
– Dépenses exagérées.

– Ne travaille pas.
– Poursuivi pour adultère.
– Individu louche.
– Couleur marron.
– Mentalité mauvaise.
– Suspecté d'exercice illégal de la médecine.

Tous ces qualificatifs pourraient correspondre à Max. Ces juifs à retrouver d'urgence, aux activités louches, traînant dans des cafés, trompant leur femme, j'avais peur de retrouver son nom.

Majer dit Max Schneck, entre 1941 et 1945, semble disparaître de toutes les listes.

Majer dit Max Schneck le roi des camouflés, l'empereur de la cachette, était très fort.

En novembre 1941, Maurice Labarthe est remplacé par René Rivière. Ce dernier commence par critiquer le manque de rigueur de son prédécesseur. Maurice Labarthe a oublié de procurer des récépissés aux personnes recensées.

René Rivière se plaint auprès du Commissariat général aux questions juives, prévenant qu'il risque d'avoir des difficultés. Le travail n'a pas été effectué correctement par son prédécesseur :

– Dans l'éventualité où je serais amené pour des raisons d'ordre public à opérer des rafles, dans la Dordogne – ce que j'ai l'intention de faire assez souvent –, il me sera impossible d'exercer un contrôle efficace puisqu'aucun des intéressés ne sera porteur d'un récépissé de déclaration.

Son souhait est exaucé, il va pouvoir se servir de ses fiches et organiser une rafle, une date est choisie par Vichy, le 26 août 1942. Le préfet régional de Limoges lui demande de sa belle langue administrative d'établir la liste des choses à prévoir pour ce qu'il nomme le « ramassage ». Ramassage, car il ne s'agit pas d'arrestations. Ramasser est utilisé pour des objets, des produits de la terre, parfois pour une partie du corps humain. Il ne s'agit déjà plus d'êtres humains, mais de « ramassés », une catégorie hybride, des objets capables de bouger, de parler.

René Rivière, en coordination avec la gendarmerie et la police, planifie ce « ramassage ». Nombre de gendarmes nécessaires, réquisition de voitures, construction d'une clôture pour que les ramassés ne s'échappent pas, arrestation de personnes qui entraveraient les opérations.

Il produit une note pour l'essence avec le nom des garages, leurs adresses, le nom des pompistes prévenus, le nombre de litres d'essence qu'ils peuvent fournir pour le ramassage, ce qu'il sera fait des logements laissés vacants (ils ne pourront pas être reloués tout de suite, car des fonctionnaires de police sont actuellement sans logement).

Lorsque les israélites exprimeront le désir de régler leurs notes d'hôtel ou leur loyer, toutes facilités devront leur être données pour ce faire.

À leur arrivée au camp, il conviendra de faire connaître aux israélites qu'ils seront dirigés vers l'Europe centrale, spécialement en Galicie, où les autorités allemandes envisagent de constituer une grande colonie juive.

Le commissaire de police de Périgueux propose dans un courrier quelques aménagements :

– Si une solution rapide de la question juive au moyen de la déportation est hautement désirable dans sa région, il est souhaitable cependant d'en exempter des « juifs convenables ».

Le « juif convenable » est entre guillemets. Le père de Gilbert, Max Schneck, n'est pas un juif convenable.

Trop jeune pour être enrôlé en 1914, il a tenté de s'engager en 1939, mais il est trop vieux, trop fragile, trop peu musclé, dépressif, apatride donc non patriote, sans sens moral, ni considération publique.

Gilbert et Paulette défendront toujours leur Max si peu convenable. Ils seront les seuls à l'aimer, un amour qui ne peut être partagé par d'autres, et cet amour incompris est une solitude de plus.

Paulette et Gilbert Schneck vivent rue des Fleurs dans le quartier des Maurilloux à Trélissac quand la grande rafle d'août 1942 est préparée par le nouveau préfet René Rivière.

Elle ne concerne que les juifs étrangers donc Max.

Gilbert est inscrit à l'école communale. Il a un ami qui se nomme Guy Moreau dont le père est prisonnier en Allemagne et la mère couturière.

Ici de nombreux pères sont absents. Son père est comme les autres, un absent.

Michel, un garçon de sa classe de septième lui a posé toute une liste de questions auxquelles Gilbert a répondu bien poliment.

– Il fait quoi comme métier ton père ?

– Il est prisonnier en Allemagne ton père ?

– Il est étranger ? Ça alors, je ne connais aucun étranger.

– Il est juif ton père ? C'est vrai ? Avant toi, je n'en avais jamais vu en vrai.

Michel n'en revient pas.

– Ça alors, c'est pas vrai, quand je dirai cela à mes parents. Ils m'ont dit que cela n'existait plus les juifs, que c'était que dans la Bible. Ils vont être épatés.

Gilbert se sent d'une certaine importance.

Le 25 août 1942 avait été une magnifique journée de grandes vacances. Aux Maurilloux, Gilbert et Guy étaient libres. Ils étaient partis à vélo jusqu'à la plage de Cubjac, un grand écrin sableux au bord de l'Auvézère. La rivière était traversée en amont par un pont de pierre duquel on pouvait sauter dans l'eau. Michel leur avait indiqué un chemin secret pour visiter une grotte connue seulement par dix gamins. Un palais dont la voûte était couverte d'ailes de papillons, des draperies romaines aux murs, le sol était creusé d'une rivière où étincelaient des cristaux.

Avaient-ils vraiment vu ce qu'ils avaient vu ?

Ils étaient rentrés tard, Paulette était folle d'inquiétude.

Le lendemain, Gilbert avait été réveillé tôt, vers 6 h 30, par le bruit de moteurs de voitures sur l'avenue de Limoges.

Des gendarmes étaient entrés chez eux. Ils cherchaient Majer Schneck.

Paulette leur expliqua que son mari l'avait quittée et se mit à pleurer. De peur que cela ne soit vrai, Gilbert pleura aussi.

Un gendarme le rudoya. Cela ne servait à rien de les attendrir. Majer Schneck, ex-commerçant polonais, figurait sur la liste, à cette adresse, rue des Fleurs aux Maurilloux.

– Il se cache où ton père ?

Gilbert pleurait toujours. Lui qui la veille s'était senti si grand, prêt à sauter du pont, prêt à découvrir le monde, heureux observateur des cristaux d'une rivière mystérieuse, était ramené à l'état d'un petit juif craintif de dix ans.

Quatre gendarmes faisaient face à une femme de trente-quatre ans, mesurant 1 m 54 et pesant 43 kilos, le garçon était petit pour son âge, 1 m 30 et 23 kilos. Le logement constitué de deux minuscules pièces au plafond très bas, les gendarmes devaient baisser la tête pour tenir debout. Cela ressemblait davantage à un abri de jardin, très propre, qu'à une maison. Un des gendarmes, par un geste brusque, renversa un pot en faïence à fleurettes jaunes, qui se brisa, et il ne s'excusa pas.

On avait assez perdu de temps, il y avait d'autres noms sur la liste des « ramassés » qui vivaient à Trélissac.

Gilbert récupéra les morceaux du pot à fleurettes jaunes, c'était facile, il s'était brisé en quatre morceaux. Paulette les emballa soigneusement dans du papier journal. Elle trouverait bien un moyen de les recoller.

– On va le garder en attendant que papa revienne.

C'est entre Paulette et Gilbert la seule phrase qui fut prononcée de la matinée en rapport avec ce qui venait de se passer.

Le lendemain de la rafle de 1942, le préfet René Rivière et les gendarmes retournent à leurs listes, à leurs notes, font leurs comptes et regardent les factures de l'opération. Il a fallu loger, nourrir, construire des palissades, réquisitionner des véhicules et leurs chauffeurs, trouver du lait pour les petits enfants « ramassés ».

Le menuisier de Saint-Pardoux qui a construit les palissades du camp :

– Travaux et fournitures diverses les journées du 19 et 20 août 1942, pour le camp d'internement des israélites.

1 098,75 francs + 17 063,50 francs pour la construction d'une palissade le 24/8.

Veuillez agréer, monsieur, l'expression de notre haute considération.

Location d'automobiles Louis Laborie, voitures d'occasion, ventes, achat, situé à Belvès

(Dordogne), fait parvenir sa facture à la gendarmerie :

– Transport le 26 août 1942 de la gendarmerie de Belvès dans voiture à gazogène.

Départ 4 heures

Retour 8 heures

Trajet Belvès, Mines de Merle, Saint-Cyprien, soit 50 kilomètres.

Dans un rapport à l'encre bleue, René Rivière précise la situation :

– 209 juifs étrangers rassemblés à la caserne de Périgueux pour un coût total de 62 210 Fr 45 centimes dont 32 956 Fr de transports

– Aucun incident notable à signaler au cours des opérations de ramassage si ce n'est une proportion assez considérable d'absents dans la liste de Périgueux, les intéressés paraissant avoir quitté précipitamment leurs appartements à l'annonce par la radio anglaise de l'exécution en cours de la nuit, à Lyon, des opérations qu'ils redoutaient.

Max Schneck fait partie de ceux qui gonflent la proportion considérable des absents.

Il n'a pas été « ramassé ».

Quand j'étais enfant et qu'on passait devant la succursale Lissac du boulevard Saint-Michel, mon père me répétait qu'à Périgueux, pendant la guerre, devant la devanture du magasin Lissac, il y avait la mention « Lissac, pas Isaac » et il faisait mine de cracher.

Sa grimace me réjouissait.

Les méchants étaient identifiés, ils n'étaient que des héritiers d'un passé aboli. Ils ne pouvaient faire de mal aujourd'hui. Gilbert n'était pas amer, il ne criait pas son dégoût de l'humanité, au contraire, il gardait une croyance presque incompréhensible dans la générosité de chacun.

Ma grand-mère Paulette faisait des cauchemars :

– On est venu sonner à la porte chez moi cette nuit. Un inconnu voulait entrer. Toutes les nuits, on sonne à ma porte.

Je la rassurais :

– Ce n'est rien. Personne ne sonne à ta porte au milieu de la nuit.

Je ne pouvais pas comprendre d'où venait sa peur.

« J'ai peur tout le temps », confie l'enfant caché dans *Au revoir les enfants* de Louis Malle.

Gilbert avait peur tout le temps.

Un matin, à la campagne, j'avais une douzaine d'années, j'ai eu l'idée stupide de partir très tôt, sans prévenir, à vélo, avec un roman de Pearl Buck. Tout le monde dormait. J'étais rentrée en début d'après-midi, le livre terminé. Gilbert, Hélène, Pierre et sa femme Soizic m'attendaient, affolés. J'avais disparu.

Pierre s'était exclamé :

– En plus avec un mauvais livre.

Ma mère était blanche. Soizic, énervée. Seul Gilbert était souriant. Il savait si bien cacher sa peur. Il répétait :

– Les parents doivent tout à leurs enfants, leurs enfants ne leur doivent rien. La peur des parents est un fardeau inutile pour les enfants.

De tous les ennemis que Gilbert, enfant, a eu à affronter, le préfet Jean Popineau, qui a succédé à René Rivière en janvier 1943, a été le pire.

Au printemps 1944, le préfet Jean Popineau écrit à Pierre Laval :

– J'insiste très vivement sur la gravité d'une situation qui devient chaque jour plus alarmante. Le tableau que je viens de brosser n'est pas noirci à dessein. Si on attend trop longtemps pour prendre les mesures qui s'imposent, les hors-la-loi et les bandes communistes finiront par devenir maîtres du terrain.

Jean Popineau est entendu : la Gestapo française finance et organise la Phalange nord-africaine, une cinquantaine de Marocains et d'Algériens recrutés par Henri Lafont, le chef de la Gestapo française.

Ma grand-mère Paulette m'avait confié quelques histoires sur la guerre. Pour que je comprenne bien, elle avait transcrit ce dialogue entre elle et Gilbert :

– Gilbert, mets tes pantoufles, ta brosse à dents dans ton sac à dos, tu vas dormir chez Guy ce soir.
– Pourquoi ?
– Parce qu'il y aura une rafle, des bicots passeront.
– Des biques ?
– Ce ne sont pas des bêtes, mais des hommes grands, forts et barbares, une espèce de mercenaires que les Allemands ont engagés pour nous arrêter.

Les « bicots » auxquels Paulette fait référence sont les membres de cette Phalange nord-africaine. Des petits voyous de Belleville, embauchés par la Gestapo française dirigée par Lafont et Bonny, sur ordre des Allemands, pour aller terroriser la Dordogne.

C'est Patrice Rolli, un historien spécialiste de la région qui m'a raconté cela :
– Personne n'a envie de connaître cette histoire. Des Algériens et des Marocains enrôlés par la Milice pour abattre des juifs et des résistants, ce n'est pas très politiquement correct.

En 1940, Henri Lafont s'était associé à un indépendantiste algérien pronazi, Mohamed el-Maadi, qui rêvait d'une fédération arabe racialiste et national-socialiste ayant pour modèle l'Europe aryenne d'Hitler appliquée au Maghreb. Un groupe d'une cinquantaine de Maghrébins gravitait à Belleville, Barbès, la Goutte-d'Or, autour de Mohamed el-Maadi. Henri Lafont leur a proposé un travail très bien payé.

5 000 francs et un costume noir pour aller tuer en Dordogne.

Les membres de cette Phalange nord-africaine « s'en foutaient complètement du nazisme, leur seule idéologie était le pognon », précise l'historien.

À leur tête, Henri Lafont nomme Alexandre Villaplane, un ancien capitaine de l'équipe de France de football, exclu du milieu pour escroquerie aux paris sportifs, profiteur de guerre, lieutenant de la Gestapo française.

Les sbires de la Phalange nord-africaine arrivent le 17 mars 1944 en fin d'après-midi à Périgueux, ils ont le droit de tout faire. Entrer chez les gens, tuer, dévaliser, violer.

Leurs crimes ont été masqués par ceux de la division Brehmer.

Hugo, « le beau Hugo, le pauvre Hugo », avait vingt et un ans.

Dans sa chambre, ma grand-mère conservait la photo d'un jeune homme, très beau, les yeux clairs. Elle répétait « le beau Hugo, le pauvre Hugo » sans expliquer ce qui lui était arrivé et je ne lui posais aucune question.

Hugo était le jeune frère de Paulette. Il avait caché à sa famille qu'il avait rejoint un groupe de résistants. Ils étaient assez inquiets comme cela. Ce n'était pas la peine d'en rajouter.

Bernard Reviriego m'a envoyé cette mention dans le registre d'état civil de Saint-Germain-des-Prés en Dordogne :

– Rottenberg Hugo, né le 1er décembre 1921 à Bistrița (Roumanie), fourreur, célibataire, domicilié au lieu-dit Dournazac, commune de Saint-Germain-des-Prés. Il est fusillé le 29 mars 1944.

Le monde imaginaire est le seul moyen de remplir les vides laissés par les absents.

À quoi cela ressemble-t-il d'avoir une famille avec un oncle nommé Hugo Rottenberg ?

Hugo a ouvert une boutique de fourrures après la Première Guerre, il s'est marié, elle s'appelle Jacqueline. Paulette n'aime pas Jacqueline, elle la juge trop dépensière, elle a trouvé un motif pour se fâcher contre cette femme qui lui prend son petit frère bien-aimé.

Hugo est l'oncle préféré de Gilbert, un père de substitution. Un père plus jeune, un père présent, un père fidèle.

Gilbert aime beaucoup Jacqueline, elle sent un parfum à la rose, elle porte du rouge à lèvres qui déborde un peu, elle rit souvent.

Elle dépense l'argent gagné par Hugo, mais lui, son mari, en est heureux.

À quoi sert de gagner de l'argent si ce n'est pas pour le dépenser ?

Il ouvre une première boutique boulevard de Strasbourg, Royal Fourrure. Avec les chutes des manteaux, il confectionne des cols qu'il coud sur des vestes en lainage, un grand succès. Peu de femmes ont les moyens de se faire offrir un manteau en fourrure par leur mari, alors qu'une veste avec un col de renard, oui, et cela reste très chic. Hugo montre à Gilbert qu'il faut sans cesse inventer, être curieux, s'intéresser, ne jamais avoir peur de ce qui change. Hugo et Jacqueline ont trois garçons, Patrick, Jean-Claude et Bernard. Gilbert est leur cousin admiré.

La famille se réunit le vendredi soir pour shabbat chez Hugo et Jacqueline qui ont emménagé dans un grand appartement rue d'Hauteville. Gilbert retourne chez eux le dimanche, même si Paulette en est un peu fâchée, il aide ses trois cousins à faire leurs devoirs. Il aime sa place entre les garçons et son oncle Hugo qui n'a que dix ans de plus que lui. Hugo le rassure et l'encourage à poursuivre ses études de médecine.

Quand Gilbert a des enfants, c'est le tour des trois garçons d'Hugo de s'en occuper.

Enfant, je me désolais de ma famille réduite sans comprendre pourquoi nous étions si peu nombreux.

Une cousine de Paulette m'a précisé :

– Hugo a été fusillé devant sa mère. Il avait vingt-trois ans.

Georges Perec écrit dans *Ellis Island* : « Je ne sais pas précisément ce qu'est être juif, ce que ça me fait d'être juif. C'est une évidence, si l'on veut, mais une évidence médiocre, une marque, mais une marque qui ne rattache à rien de précis, à rien de concret : ce n'est pas un signe d'appartenance, ce n'est pas lié à une croyance, à une religion, à une pratique, à une culture, à un folklore, à une histoire, à un destin, à une langue. Ce serait plutôt une absence, une question, une mise en question, un flottement, une inquiétude, une certitude inquiète derrière laquelle se profile une autre certitude, abstraite, lourde, insupportable : celle d'avoir été désigné comme juif, et parce que juif victime, et de ne devoir la vie qu'au hasard et qu'à l'exil. »

Gilbert, Paulette, Max sont ces juifs-là, des juifs de l'inquiétude dont la vie est le résultat du hasard et de l'exil.

En 1940, Maurice Labarthe est le premier préfet de Dordogne de ces années de guerre. Il est le premier à les désigner comme juifs. René Rivière organise de manière méthodique la première rafle d'août 1942 puis toutes les arrestations de femmes, enfants, hommes juifs jusqu'en janvier 1943. Jean Popineau traque avec une violence redoublée, obsessionnelle, juifs et résistants au printemps 1944.

Peu importe qu'ils signent ou non une déclaration, qu'ils pratiquent ou non, qu'ils apprécient le bouillon aux kneidlers, que mon père apprenne à réciter « Écoute Israël, Dieu est unique, Dieu est un » ou non, ils sont porteurs d'une faute depuis la naissance.

Les préfets sont en charge de cette désignation qui les poursuivra, dans l'angoisse et la peur, bien au-delà de la fin de l'Occupation. Ils seront tout au long de leur vie aux aguets, dans une inquiétude inscrite en eux et invisible pour les autres.

En 1975, mon père, chirurgien, installé à Paris, propriétaire, marié et père te trois enfants, déclare à son futur associé, chirurgien comme lui, fils et petit-fils d'instituteurs auvergnats :

– Avant toute chose, je dois te dire que je suis juif, j'espère que cela ne te gêne pas.

La même année, mon père me raconte cette histoire drôle, j'ai neuf ans :

– Tu sais, beauty, ce que certains disent qu'il faudrait pour que le monde aille mieux ?

– Heu.
– Il faudrait supprimer les juifs et les coiffeurs.
Je lui réponds sans hésitation :
– Pourquoi les coiffeurs ?
Mon père sourit :
– Et pourquoi les juifs ?

Je ris avec lui de notre malédiction commune.

J'ai neuf ans, je n'ai jamais été victime de ce qui pourrait ressembler à de l'antisémitisme, la guerre n'est presque jamais évoquée à la maison et j'ai intégré cela, que pour beaucoup de gens, si on supprimait les juifs, le monde irait mieux.

Gilbert déjeune à La Closerie des Lilas, dîne à La Coupole, est invité à des vernissages de galeries d'art rue de Seine, lit *Le Monde* et Peter Handke, porte des chemises sans col taillées sur mesure chez Arnys, a voté pour François Mitterrand en 1974, part à Megève en vacances dans la maison d'hôtes d'un nommé Kurt qui fait payer une fortune une petite chambre et l'honneur de s'asseoir à sa table, écoute, pose des questions, trouve le moyen de vous aider, vous donne confiance, paraît si tranquille, alors qu'au fond cette malédiction d'être juif, d'être un étranger, d'être toujours en dehors et dans la crainte, prend toute la place.

À n'importe quel moment, quelqu'un vous désignera et vous demandera de sortir du restaurant, de la salle de concert ou de théâtre, de rendre ce que vous possédez. Vous ne serez jamais installé, ce n'est qu'une question de temps, votre place n'est pas là, on vous désignera « juif », on vous demandera de sortir et de retourner sur la route de l'exil. Juif, juif, juif, vous ne pouvez échapper à cette désignation.

Il fallait que je trouve les coupables de la peur de mon père. Qui l'avait désigné, officiellement, en premier comme juif ?

Il s'agissait de son âme secrète et intime, il pratiquait peu, était laïc, et il s'était retrouvé sur des listes.

Les préfets Maurice Labarthe, René Rivière et Jean Popineau n'étaient-ils pas les premiers responsables des tourments de Gilbert ?

Aller dans les archives est devenu un moyen de retrouver l'origine de la peur. Dans les dossiers, je débusquais la peur et la tapais. Oui, il y avait en moi une violence nouvelle. Je voulais détruire la détresse de mon père, qu'elle disparaisse. Il devait toujours faire attention, ne pas en faire trop, ne pas respirer trop fort, ne rien prendre de peur d'être accusé, donner toujours pour qu'on ne lui reproche pas d'être ce qu'il était. Il fallait qu'on arrête.

Il suffit de prendre le métro, ligne 13, jusqu'à Saint-Denis-Université, prendre à droite vers Pierrefitte et demander les dossiers individuels des préfets aux Archives nationales.

Qui étaient Labarthe, Rivière, Popineau ? Qu'étaient-ils devenus ? Avaient-ils compris qu'ils avaient participé à une entreprise de destruction ?

Dans leurs dossiers, on peut lire les arrangements, les craintes, les contorsions d'un esprit qui ne doute pas.

Cette incapacité à se sentir responsable d'une faute était peut-être le seul moyen de continuer de vivre, car comment vivre, dormir, se nourrir, aimer quand on a organisé la mort de centaines de femmes, d'enfants et d'hommes ?

La responsabilité vous tue, peu à peu, beaucoup trop jeune comme l'inquiétude, la peur, l'humiliation, la culpabilité ont tué mon père, peu à peu, beaucoup trop jeune.

Dossier Maurice Labarthe

Comme dans chaque dossier individuel des employés de Vichy, on trouve la déclaration en vue de l'application de la loi d'octobre 1940, qu'ont remplie tous les fonctionnaires français. Et c'est toujours étrange de se demander comment ils ont pu accepter de répondre.

Les questions sont dactylographiées, les réponses sont manuscrites.

Nom : Labarthe
Prénom : Maurice
Date et lieu de naissance : 16 janvier 1883. Peyrehorade (Languedoc)
Profession : Préfet
Domicile : Périgueux
Votre grand-père dans la ligne paternelle est-il ou était-il de race juive ? Non.
Votre grand-mère dans la ligne paternelle est-elle ou était-elle de race juive ? Non.
Votre grand-père dans la ligne maternelle est-il ou était-il de race juive ? Non.
Votre grand-mère dans la ligne maternelle est-elle ou était-elle de race juive ? Non.
Votre conjoint est-il juif ? Non.

On trouve aussi un courrier du maire de Sétif datant de 1936 se plaignant de l'attitude de Labarthe alors sous-préfet. Labarthe ne l'a pas salué lors d'une manifestation locale, un apéritif pour l'inauguration de nouveaux logements. Il a même déclaré en représailles contre un événement non détaillé :

– Quand on me cherche, on me trouve.

Le maire de Sétif écrit au ministre de l'Intérieur que désormais il ne saluera plus le sous-préfet Labarthe.

Le dossier contient enfin un rapport secret datant de 1941 adressé au ministre de l'Intérieur :

– Il serait difficile de voir le nouveau préfet de Dordogne, trop jaloux de ses prérogatives pour écouter des conseils. Il en aurait pourtant bien besoin. La Dordogne est un département difficile à idées très rouges. La préfecture aurait toujours le même personnel – socialiste, communiste et franc-maçon.

Une dernière note de renseignements indique :

– Intelligent, dont le caractère paraît aussi mou, aussi peu ferme que ses opinions politiques.

En 1941, Maurice Labarthe est mis à la retraite anticipée et meurt deux ans après.

En avril 1945, sa veuve écrit à l'administration. Elle a appris que tout fonctionnaire qui avait été laissé pour compte par Vichy a le droit à un remboursement de salaires.

Pour justifier cette demande d'arriérés, elle se permet de préciser que son mari avait été « déçu par cette brusque mise à la retraite, apprenant la nouvelle par le journal, écarté, il n'a pas demandé ses arriérés. J'ose espérer que vous voudrez bien prendre ma demande en considération ».

Voilà, son dossier s'arrête là.

Maurice Labarthe n'était qu'un imbécile, imbu de lui-même, sa veuve, une idiote.

Alors, que j'allais consulter le dossier de René Rivière, j'ai reçu un mail de Nicolas Cournil. Nicolas a succédé à Bernard Reviriego aux Archives départementales de Périgueux, et il est aussi obsédé que Bernard par le besoin de dévoiler chaque nom, chaque trace comme une victoire contre le nazisme.

Il venait de retrouver, par hasard, une liste de juifs étrangers à arrêter pour une rafle organisée en février 1943 sous l'autorité de René Rivière.

Une liste dactylographiée, avec des mentions manuscrites, dans laquelle est inscrit, Schneck Majer, né le 16/5/02 Sanok, et à la main au crayon à papier bleu, il est ajouté, marié, épouse française, enfant français.

Le nom Schneck Majer est barré au crayon à papier noir.

Pour répondre aux quotas fixés par la préfecture de région de Limoges, les juifs étrangers célibataires étaient visés en premier, puis les mariés, et enfin ceux qui avaient des enfants. C'est pour cela que l'on retrouve ces mentions en marge.

Max est en fait divorcé de ma grand-mère depuis 1942, mais l'information n'était pas parvenue à la préfecture. Max avait de la chance.

Je me suis souvenue de ce télégramme du 2 septembre 1942 sur papier bleu qui lui était adressé par le préfet des Pyrénées-Orientales demandant le rapatriement d'urgence de l'enfant Margot Meier et de sa réponse sur papier blanc :

– Suite à votre télégramme vous informe qu'en raison d'arrivée tardive réception de celui-ci l'enfant Meier Margot ne pourra être dirigée à Rivesaltes que le 3 septembre.

Sur le site de Yad Vashem, j'ai retrouvé des traces de la courte vie de Margot Meier.

Née le 15 juillet 1933 en Allemagne, elle vivait à Karlsruhe et avait trouvé refuge en France avec sa famille. Elle fut déportée depuis le camp de Rivesaltes à Drancy.

Elle a été assassinée à Auschwitz, elle avait dix ans.

Le préfet des Pyrénées-Orientales qui souhaite se débarrasser en urgence de Margot Meier, dix ans, réfugiée d'Allemagne, se nomme Raymond de Belot.

Un officier de marine qui, après une carrière militaire, est nommé préfet sous Vichy. Il publiera, après la guerre, plusieurs livres de stratégie militaire sans jamais être inquiété pour avoir participé à la mort d'une petite fille. Et voilà ce qui est arrivé à René Rivière, l'autre bourreau de Margot.

Dossier René Rivière

René Rivière est bien noté par Vichy jusqu'au 11 septembre 1943, date à laquelle il est placé « préfet hors cadre » pour raison médicale avec traitement plein :

– Fidélité et loyauté vis-à-vis du Maréchal
– Très ordonné

À la Libération, René Rivière est mis à la retraite d'office, il commence une longue correspondance pour sa réhabilitation. Il ne connaît pas le doute. C'est une leçon assez passionnante de l'âme humaine. Il tente d'abord d'amadouer la nouvelle administration :

« Les répercussions morales pour moi comme pour mes enfants sont désastreuses.
Je suis un patriote. J'ai agi par solidarité avec les réfugiés alsaciens en Dordogne. Je suis un haut fonctionnaire qui a l'intime conviction d'avoir fait son devoir de Français. Un résistant. »

Cela n'a pas d'effet.
En 1953, René Rivière lance une nouvelle offensive.

Je me suis demandé s'il dormait mal la nuit. Ma grand-mère Paulette, mon père, l'enfant Gilbert Schneck, mon grand-père Max Schneck, qui n'étaient pour lui que des noms sur des listes, eux aussi, ont eu toutes leurs vies des problèmes de sommeil. Leurs souvenirs leur faisaient trop peur. Ils revenaient la nuit sous forme de cauchemar. Stilnox, Temesta, un quart puis un demi tous les soirs.

René Rivière est un bel exemple qu'il aurait été plus efficace de se mentir à soi-même. Il commence par se plaindre du manque d'objectivité des opérations d'épuration, de l'atteinte à son honneur de patriote et d'honnête homme, en rappelant que, s'il se défend, c'est par altruisme. Le doute n'a pas de place. Son écriture est soignée, il utilise une encre bleue.

À monsieur le ministre de l'Intérieur, le 7 août 1953

Cette défense que je présente, après des années de silence, a été activée, car j'ai été outragé par le procès des Alsaciens qui ont participé au massacre d'Oradour-sur-Glane et je souhaite d'abord les défendre eux.

En 1943, j'ai obtenu un certificat médical pour une mise en congé maladie, car je refuse d'appliquer les ordres de l'occupant allemand et cette mise en congé maladie est signée par un de mes amis, un médecin juif.

Peu de fonctionnaires ont été aussi patriotes que moi.

La direction du personnel de ministère de l'Intérieur qui est saisie de sa demande en 1953 hésite. En Dordogne, le passage de René Rivière n'est pas oublié.

René Rivière est pourtant réhabilité et détaché auprès du gouvernement général de l'Algérie.

La dernière feuille du dossier administratif de René Rivière est la suivante :

– Le 9 novembre 1954, le ministère de l'Intérieur propose un avis favorable à la nomination comme officier de la Légion d'honneur de René Rivière, né le 22 août 1900 à Ménerville (Algérie).

Le dossier Jean Popineau pourrait être le scénario d'une mauvaise comédie. Le héros tentant, avec un certain succès, de battre le record du monde de la lâcheté et de la mauvaise foi.

Le 7 juin 1944, le préfet Jean Popineau, qui a organisé la lutte contre la Résistance en Dordogne, fuit en voiture, en pleine nuit avec sa famille, de peur d'être lynché par la Résistance.

Il écrit cette lettre de cinq pages au gouvernement de Vichy qui s'étonne de sa défection :

Je tiens à effacer la mauvaise impression qu'a pu produire sur monsieur le président Laval dans des circonstances qui furent dramatiques pour moi [...] Je savais que depuis le mois de mars dernier, les organisations dites de « résistance », principalement le FTP, m'en voulaient à mort. J'avais en effet clairement pris position contre les actes de terrorisme.

Je continuais à appliquer sans arrière-pensée les directives gouvernementales [...] contre les agents de la dissidence qui, sous le masque d'un faux patriotisme avec les armes de l'étranger, organisaient en France la plus terrible des guerres, la guerre civile.

J'ai facilité la tâche de la milice. Récemment encore, je réquisitionnais, malgré les difficultés soulevées, un vaste immeuble à Périgueux, pour permettre aux familles de miliciens de se regrouper et d'assurer ainsi leur sauvegarde. J'ai assisté officiellement en uniforme aux obsèques d'un milicien.

Le maquis ne devait pas me pardonner mon attitude d'absolue loyauté envers le gouvernement et son chef.

Un an après, en mars 1945, Jean Popineau endosse un nouveau costume. Il a été relevé de ses fonctions à la Libération.

À propos du massacre de 25 civils à Brantôme par la division Brehmer, aurais-je dû donner ma démission après ces graves incidents ? Après réflexion j'estimais que mon devoir était de rester parce que je ne devais pas paraître avoir peur et abandonner mon poste.

J'ai le droit de porter la tête haute.

Il n'est pas entendu, le ministère de l'Intérieur le révoque sans pension par un décret du 26 mai 1945.

En 1961, après quinze ans de procédure, le Conseil d'État annule sa décision de révocation.

Son ton devient ironique il se plaint de la lenteur de l'administration, afin d'exiger ses arriérés de salaires depuis 1945 :

À mon cher ami, cher ministre

C'est tout doux chez vous.

Il demande qui bloque son dossier :

Quid, quid, quid ??

Il veut des noms (une vieille habitude).

Une note volante sur laquelle est épinglée sa carte de visite gravée :

– Jean Popineau, ancien préfet, 22 rue Clément Marot, Paris 8e.

De sa main cette addition au crayon à papier et les chiffres suivants :

27 756 F par an, par 37 mois

192 955 F

82 695 F

1 011 905 F

Il demande plus d'un million de francs d'arriérés de salaires. Il les obtiendra et meurt en 2001 dans son château de l'Oise.

Gilbert, Paulette et Max ont ainsi vécu après la guerre parmi leurs bourreaux.

Gilbert grandit dans cette atmosphère injuste où des femmes qui ont couché avec un Allemand contre un peu d'amour, de soutien ou d'argent sont tondues, violées par des résistants de la dernière heure, où des hommes qui ont participé de manière active et volontaire à la politique collaborationniste et antisémite de Vichy sont récompensés par la Légion d'honneur et ont vu toute faute effacée.

Gilbert ne se révolte pas, s'indigner serait inutile. C'est ainsi.

Marc-Olivier Baruch, historien, est l'auteur de *Servir l'État français. L'administration en France de 1940 à 1944*, un travail sur les hauts fonctionnaires français sous Vichy.

Il cite dans son ouvrage Hannah Arendt : « Nous exigeons, nous, qu'un être humain soit capable de distinguer le bien du mal même lorsqu'il n'a, pour le guider, que son propre jugement [...]. Les rares hommes qui étaient encore capables de distinguer le bien du mal ne le faisaient que de leur propre initiative. »

Je lui demande comment des hauts fonctionnaires, éduqués, pères de famille, catholiques, ont pu, avec tant de méthode, établir des listes, organiser des rafles :

– Ils obéissaient à la loi, car c'est leur mission, ils le faisaient parfois avec déplaisir, ce n'étaient pas des tâches agréables, mais ils le faisaient. C'était leur travail.

Je lui montre les listes avec le nom de mon père, écolier de dix ans :

– On fait des listes, c'est si facile de déshumaniser une personne. Un dentiste syrien devient un migrant, un adolescent tzigane, un petit voleur.

Je le sais. Un homme est allongé devant nous sur le trottoir. Il est, à ce moment, pour nous, une masse sans nom, sans histoire, sans culture, qui se distingue à peine du bitume.

J'insiste :

– Comment peut raisonner un homme qui établit des listes avec des noms d'enfants, qui réquisitionne de l'essence pour aller les chercher, commande une palissade à un menuisier afin qu'ils ne s'échappent pas ?

– Ce n'est pas une question qu'il se pose. Il n'a pas conscience d'organiser le mal. Il applique la loi. Il faut comprendre leur système de pensée. La plupart des préfets étaient catholiques pratiquants, ils étaient sensibles à l'idée de l'amour du prochain, du devoir à accomplir. Ils ne sont pas tous antisémites, ils ne veulent pas la destruction des juifs, ils ne sont pas nazis. Ils ne voient plus le petit garçon juif qu'était votre père comme un être humain, mais comme un numéro.

Il me demande :

– Quel a été votre sentiment quand vous avez lu ces listes, ces rapports avec les signatures de ces préfets ?

– Je suis en colère. En colère contre Jean Popineau, René Rivière et Maurice Labarthe, leur bonne conscience, leur absence de culpabilité. Jean

Popineau produit les lettres de deux bons juifs qu'il a aidés. René Rivière et sa Légion d'honneur, qui organise la rafle de 1942, quand il écrit sur ces trente mois en Dordogne, n'emploie même pas le mot « juif ». Je trouve cela dégueulasse.

– Ce n'est pas contre eux qu'il faut être en colère, c'est contre ceux qui tentent de réhabiliter Pétain et le régime de Vichy. Le Pen, Zemmour, *Valeurs actuelles* et tant d'autres. Tous ces types, ces Popineau et ces Rivière, ces préfets, ils obéissaient aux ordres de Pétain et de Laval, qui, en zone libre, en dehors de toute injonction allemande, ont ordonné un antisémitisme d'État, ont exclu les juifs de la communauté française. Si vous voulez que votre colère serve à quelque chose, c'est là qu'elle doit se diriger.

J'en étais là de cette colère inutile contre de vieux morts, je relisais les quelques pages écrites par ma grand-mère et j'ai compris que je passais à côté de l'essentiel.

Si Gilbert et ses parents avaient survécu, c'est qu'ils avaient été aidés, cachés, accueillis, par des hommes et des femmes.

C'est grâce à eux que Gilbert conservait cette croyance, qu'il voulait transmettre à ses enfants, l'idée qu'il existe des femmes et des hommes de bonne volonté.

Il fallait que je les retrouve et les remercie de leurs bienfaits.

C'est Bernard Reviriego, l'archiviste qui a analysé la place des juifs dans la correspondance de la préfecture de Périgueux sous Vichy, qui m'a appris qu'au sein de la préfecture ils étaient nombreux à saboter en douce le travail des préfets. Ils faisaient fuiter les dates de rafle et surtout ils ont mis en place une fabrique de faux papiers qui a fonctionné, de manière très efficace, jusqu'en janvier 1944.

Chère Colombe,

Celle qui a aidé vos grands-parents doit être Marguerite Eberentz.

Elle était la chef du service du bureau des cartes d'identité à la préfecture de Périgueux de 1940 à 1944. Elle était une fonctionnaire d'origine alsacienne rapatriée à Périgueux. Elle a créé et fourni des pièces d'identité avec des faux noms à de nombreuses familles juives. C'était quasiment une petite industrie qu'elle dirigeait en douce au sein de la préfecture. Elle a été dénoncée et arrêtée le 18 février 1944 et déportée à Ravensbrück.

J'ai retrouvé le témoignage de Puyjarinet, le responsable au service des étrangers de la préfecture. Il a raconté comment il avait retiré toutes les fiches des juifs étrangers habitant la Dordogne, laissant uniquement ceux qui avaient quitté le département.

En janvier 1944, le chef de la Gestapo pour la Dordogne est venu, avec deux spécialistes des questions juives, à la préfecture, il a fait évacuer tout le personnel pour copier les adresses indiquées sur les fiches. Mais quand ils se présentèrent pour arrêter des familles, on leur répondit qu'elles étaient parties depuis longtemps sans laisser de nouvelles adresses.

Je suis trop bavard, je vous laisse... mais je tenais à citer le plus grand nombre de noms possible afin que leurs bienfaits ne soient pas oubliés. Georges Lanard, rédacteur, Henriette Lutenbacher, commis principal,

Louis Feyfant, chef de division, René Leygue, chef du bureau des étrangers, Puyjarinet, responsable au service des étrangers, Mme Giordan, secrétaire du préfet du Bas-Rhin, et aussi Louis Moreau, Yvonne Lafon, Antoinette Dubocage, Lucienne Lagrange, Ginette Pradeloup, Solange Robert.

Il ne faut pas oublier ces noms. À discuter avec mon amie et résistante Jeanne Grillon, qui était dactylo à l'intendance, beaucoup d'employés de la préfecture avaient les idées beaucoup plus claires que les préfets.

Cordialement,

Bernard

Évidemment, il n'existe pas de traces aux archives de ce réseau de résistance clandestin, sauf grâce à Jean Popineau. Il a rédigé un rapport dactylographié sur du papier jaune, en date du 26 février 1944, à propos de l'arrestation de Marguerite Eberentz et des autres employés fabriquant de faux papiers de la préfecture :

Au chef du gouvernement, ministre, secrétaire d'État à l'Intérieur Vichy

Objet : Arrestation de fonctionnaire de la Préfecture de Dordogne

Le vendredi 18 février, vers 9 heures, trois fonctionnaires de la police allemande de Limoges se sont présentés au bureau du chef de cabinet et ils lui ont demandé de les accompagner dans les services de la préfecture pour y procéder à des vérifications d'identité du personnel.

Je me préparais alors moi-même à partir en tournée dans le nord du département où j'avais plusieurs réunions d'agriculteurs.

Je quittai alors la préfecture pour faire ma tournée prévue. Les événements qui allaient suivre allaient montrer que cette vérification d'identité n'était qu'un prétexte pour opérer des arrestations.

En effet, mon chef de cabinet conduisit les trois policiers allemands dans les bureaux où chaque employé présentait sa carte d'identité.

De temps en temps, quand il s'agissait d'un fonctionnaire dont le nom était porté sur une liste, les trois policiers conduisaient ledit fonctionnaire dans le bureau du directeur du service des réfugiés. C'est ainsi que furent arrêtés :

Mademoiselle Marguerite Eberentz, chef de bureau

Monsieur Roger Verdier, chef de cabinet

Au cours d'une conversation que j'ai eue aujourd'hui avec les autorités allemandes, celles-ci ont déclaré que les arrestations avaient été effectuées car les intéressés étaient en relation avec des mouvements de résistance. [...]

En ce qui concerne monsieur Verdier, je répète qu'il fut pour moi un excellent collaborateur, je me refuse à penser qu'il ait eu le moindre contact avec un mouvement de résistance. Je vous serai donc particulièrement reconnaissant si vous voulez bien demander à monsieur de Brinon d'intervenir en faveur, non seulement de monsieur Verdier, mais aussi des autres fonctionnaires de la préfecture arrêtés en même temps que lui.

Le préfet Jean Popineau

M. Verdier sera relâché.

Popineau, bien plus tard, quand il plaidera devant le Conseil d'État sa réhabilitation, affirmera avoir demandé la libération de Marguerite Eberentz, ce qui n'est pas vrai.

Marguerite Eberentz a été déportée au camp de Ravensbrück. Officier de la Légion d'honneur pour faits de résistance, elle œuvra le reste de sa vie pour la réconciliation entre le peuple allemand et le peuple français. Elle est morte le 30 décembre 1973 à Périgueux, où une petite rue porte son nom.

Grâce à elle et au réseau de résistance de la préfecture de Périgueux, Gilbert, Max et Paulette Schneck ont obtenu des faux papiers qui leur ont permis d'échapper aux rafles.

Qu'ils entendent notre reconnaissance.

Dans cette quête nouvelle, remercier ceux qui avaient aidé et accueilli, je me suis souvenue de ce passage dans les pages que m'avaient confiées Paulette :

– Gilbert, mets ton pyjama, tes pantoufles, ta brosse à dents dans ton sac à dos, tu vas dormir cette nuit avec Guy.

– Pourquoi ?

– Parce qu'il y aura une rafle. Alors je vais te mettre en sûreté chez les Moreau.

Il s'appelait Guy Moreau. Il devait avoir l'âge de mon père. Guy Moreau.

Pendant des mois, Guy Moreau est resté un nom, je me répétais :

– Guy Moreau, Guy Moreau.

Comme s'il ne pouvait exister en vrai. Il appartenait, je le croyais, à un monde disparu où les garçons de douze ans sortent la nuit en pyjama et en pantoufles avec leurs brosses à dents pour ne pas être arrêtés. Puis j'ai fini par ouvrir les yeux, j'ai vu aujourd'hui des enfants sur des routes, de petits enfants en grenouillère en éponge bleue, des tétines, des mentons baveux, des couches qui n'ont pas été changées depuis trop longtemps, des enfants qui n'ont plus de lit et parfois encore un ours en peluche à la main et il fallait retrouver Guy Moreau pour le remercier d'avoir accueilli dans sa chambre mon père de douze ans.

Je n'ai pas longtemps cherché Guy Moreau.

C'est encore grâce à Bernard Reviriego que je l'ai retrouvé.

Il était allé dîner chez son amie Jeanne Grillon.

Elle vit depuis toujours aux Maurilloux, le quartier de Trélissac, dans le faubourg de Périgueux, où Gilbert et Paulette avaient vécu pendant la guerre.

Il m'a proposé de lui demander si elle se souvenait d'une famille Moreau, d'un Guy Moreau. Pendant le dîner, il a oublié de lui faire part de ma demande.

Du coup, il l'a rappelée de son portable, sur la route, alors qu'il était déjà 23 heures : oui, bien sûr, elle connaît Guy Moreau. Son père était prisonnier de guerre, sa mère couturière, et le petit Guy est devenu chaisier et vit toujours à Trélissac.

Dans un article de la presse locale trouvé sur Internet, j'ai appris qu'il avait fermé son magasin :

« C'est une figure de l'artisanat périgourdin qui s'apprête à quitter le centre-ville de Périgueux. À la fin de l'année, les sièges Moreau vont déménager leur magasin après 78 ans de présence dans le quartier. "C'est mon père qui avait ouvert le premier local en 1936, rue Limogeanne", se souvient Guy Moreau, artisan tapissier désormais à la retraite. »

Guy Moreau n'est pas la figure mythologique d'un monde disparu.

C'est sa femme qui m'a répondu au téléphone :

– Gilbert Schneck, mon mari m'en parle souvent. Ils étaient amis, ils s'étaient rencontrés à l'école des Maurilloux.

Je pouvais venir les rencontrer d'ici une quinzaine de jours, car ils recevaient leurs enfants et petits-enfants à la maison pour la Pentecôte.

Guy et Monique Moreau vivent dans une maison de pierre meulière dans le quartier des Maurilloux, au-dessus de l'Isle, la rivière qui longe Périgueux.

Des jardins ouvriers plantés de roses trémières, les maisons sont en hauteur de l'autre côté de la route, la rivière en contrebas.

On s'observe, on est un peu intimidés, on s'est perdus de vue depuis 1945, il me parle le premier :

– Alors, vous êtes la fille de Gilbert ?

Je regarde la pièce, un petit canapé, deux chaises recouvertes d'une toile assortie, et je cherche la présence de mon père de douze ans.

La mère de Guy, Thérèse, était couturière ; son père, ébéniste, était prisonnier de guerre. Ils ont toujours vécu dans ce quartier où habitaient les ouvriers des usines Paris-Orléans :

– Dans de nombreuses maisons de l'avenue, elle se nommait l'avenue de Limoges à l'époque, les habitants cachaient des familles juives. Dans celle d'à côté était cachée la famille Mangel. Vous connaissez le mime Marceau ? Marcel Mangel, c'était son nom. Il vivait là avec ses parents. Les Schuss, deux maisons après, chez les Piret, les Kahn, les Bursztin, chez M. et Mme Faure un peu plus bas dans l'avenue. Le fils de Mme Schneck chez nous.

Guy me répète :

– Vous êtes la fille de Gilbert.

Ce n'est pas une question.

Je leur résume la vie de Gilbert. Il est devenu médecin, il s'est marié et a eu trois enfants, il est mort jeune de problèmes cardiaques, il avait cinquante-huit ans.

J'ajoute que c'était un très bon père et puis, je ne sais pas pourquoi, je précise :

– Mais ce n'était pas un très bon mari.

Guy et Monique Moreau se regardent puis m'observent l'air apitoyé.

On parle de la guerre. Est-ce avec lui que mon père a appris à pêcher la truite à la main ? Non, ils pêchaient avec une canne qui n'était qu'un roseau. Ils jouaient au foot ensemble, sans ballon, ils n'en avaient pas, on trouvait toujours une boîte en fer-blanc. Ils allaient se baigner dans la rivière, pêchaient. Ils s'amusaient, ils étaient des enfants.

– Les soirs de rafle, il y avait des rumeurs, si des voitures passaient dans la journée, c'était un signe. Les familles quittaient les maisons et dormaient dans les grottes, les caches, les jardins. Au matin, elles revenaient dans les maisons. Quand Gilbert dormait à la maison pour échapper aux arrestations, le matin ma mère nous prévenait de sortir l'un après l'autre pour l'école, afin que personne de louche ne soupçonne qu'elle hébergeait un enfant en plus. À l'école, on faisait semblant de ne pas trop se connaître.

– Vous aviez peur ?

– J'étais insouciant du danger, je ne me rendais compte de rien.

– Et lui, mon père, est-ce qu'il avait peur ?

– Je ne sais pas, il le cachait bien. Il était toujours joyeux. Nos mères s'étaient rencontrées parce que Mme Schneck, votre grand-mère, était venue voir ma mère, qui était couturière, pour qu'elle reprenne ses robes. Elle avait maigri. Elle était toujours très élégante. Elle avait demandé à ma mère si elle pouvait lui confier des caisses de vêtements et du très beau linge. Ma mère lui avait suggéré de pendre directement ses vêtements dans ses armoires, car elle avait peur que des caisses suscitent l'interrogation en cas de visite des gendarmes. Les robes, le linge de votre grand-mère ont été conservés ici. Elle déménageait régulièrement, l'endroit où ils ont vécu le plus longtemps, c'était chez Garreau le jardinier, à cent mètres d'ici. Il avait construit un abri. Ils se sont débrouillés, ce n'était pas chauffé, il n'y avait qu'un tuyau d'eau et un seau. Votre grand-mère avec l'aide de Garreau l'a aménagé avec deux lits, une table, deux chaises. Pour les repas, ils allaient chez les Garreau tous les soirs. Ma mère était épatée par votre grand-mère, comment elle se débrouillait toujours pour rester impeccable et se préoccuper de ses toilettes et de ses draps brodés alors qu'ils n'avaient plus rien les pauvres et qu'elle vivait avec son fils dans une cabane aménagée. Quand Gilbert venait à la maison, on dormait dans le même lit, j'étais content d'avoir un copain. On s'amusait beaucoup. Les voisins qui cachaient des juifs avaient un mot de passe pour ouvrir la porte, c'était « pouloupoulou ». Alors nous on sonnait à la porte, on criait « pouloupoulou » et on partait en courant. Quand il y avait le couvre-feu, ce qui arrivait souvent, on sortait quand même jusqu'à la rivière, et au moindre bruit de voiture on rentrait dans la première maison. Le seul moment où on a eu la trouille, c'est quand les bicots sont arrivés, ils tiraient partout, rentraient chez les uns, les autres pour voler. Gilbert dormait à ce moment-là tous les soirs, les rafles se sont intensifiées, la famille Kahn a été arrêtée, au bout de la rue, à trois maisons d'ici. Il y avait les méchants et les gentils, tout se mélangeait. Chez les gendarmes, à la préfecture, il y en avait qui préparaient les rafles, d'autres qui les prévenaient, des habitants du quartier qui accueillaient des juifs et d'autres qui les dénonçaient. Il y avait une épicière dans l'avenue, Mme Gillazeau, elle était milicienne. Elle avait dénoncé les familles qui cachaient des juifs. Tous les parents ont été arrêtés par les gendarmes, interrogés. Les juifs avaient eu le temps de disparaître. Il n'y avait aucune preuve, ma mère, comme les autres, a été relâchée. À la fin de la guerre, Mme Gillazeau a été arrêtée et sa maison a été mise à sac. Tout était dehors, sur le trottoir, tout le quartier voulait se venger. Les uns et les autres s'emparaient de sa vaisselle, ses meubles. Moi, je n'osais rien prendre. Et puis, je me suis dit, C'est bête, c'est une bien méchante femme, et j'ai volé un balai. Quand je suis rentré à la maison, ma mère m'a demandé d'où venait ce balai, je lui ai avoué que je l'avais volé chez Mme Gillazeau, la milicienne, ma mère m'a demandé d'aller le rendre. Mme Gillazeau, elle, est morte en prison. Ma mère c'était quelqu'un. À la Libération, elle allait à la gare apporter de la nourriture aux rapatriés.

– Elle savait qu'elle aurait pu être arrêtée et déportée pour ce qu'elle a fait pour mon père ?

– Elle trouvait cela normal d'aider les autres. Une seule famille du quartier a été arrêtée. Ils sont tous partis, les parents et les enfants. La Gestapo a aussi pris toutes leurs affaires. Après la guerre, quelqu'un de la famille Kahn est venu voir s'il restait quelque chose. Rien, il ne restait rien.

Thérèse Moreau (6 juin 1907-21 décembre 1997), que ton nom et celui de ton fils soient sanctifiés.

Il fallait aussi que j'identifie Garreau, le jardinier, qui avait offert un logement et aidé à son aménagement.

Jeanne Grillon, la vieille amie de Bernard Reviriego, l'archiviste, m'a offert une première piste. Elle vit depuis toujours à Trélissac, elle a quatre-vingt-douze ans. Elle me raconte cela par téléphone :

– On habitait à trente mètres de chez Garreau, le jardinier qui hébergeait vos grands-parents et votre père. J'allais en classe avec sa fille, Georgette. Georgette, elle est morte à trente-deux ans la pauvre, et Garreau, le jardinier, il avait un air sévère, mais ce n'était qu'un genre. Ils habitaient rue des Jardins et nous, rue des Fleurs. Maintenant, c'est mon kiné qui habite la maison du jardinier Garreau. On lui a dit quand il y a emménagé il y a vingt ans. Dans votre maison, un petit garçon juif a été caché. Votre père, je m'en souviens, il était tout petit et maigrichon. C'était un petit garçon, moi j'avais déjà seize ans. Mais je le vois bien, tout petit, tout maigre, il était.

L'officier d'état civil de la mairie de Trélissac a une autre piste. Elle se souvient d'une amie nommée Isabelle, dont l'arrière-grand-père se nommait Garreau et vivait aux Maurilloux.

C'est Pierrette, la mère d'Isabelle, qui me confie tout cela :

– Mon grand-père vivait 10, rue des Jardins. Dans son jardin, il faisait pousser des légumes. Et il gagnait sa vie en les vendant dans une charrette à travers les Maurilloux. Il avait fait construire en urgence, au début de la guerre, une maisonnette en torchis avec un toit en tôle pour héberger un journalier et sa famille. C'est dans cette petite maison que j'ai grandi. Elle avait été aménagée depuis. Ce qui est étrange, c'est que mon grand-père n'a jamais eu de journalier qui travaillait pour lui. J'ai compris, bien plus tard, qu'il avait construit cette maisonnette pour abriter des réfugiés. Une centaine de milliers sont arrivés d'Alsace au début de la guerre, il fallait bien leur trouver un toit. C'est dans cette petite maison que votre père et votre grand-mère ont vécu. Mon grand-père était communiste, pour lui l'accueil c'était une réalité. Il s'appelait Joseph Garreau, il ne s'est jamais vanté d'avoir caché votre famille.

Joseph Garreau, merci d'avoir offert un toit à mon père, un toit à ma grand-mère.

Dans les feuilles autobiographiques que m'a confiées Paulette, un autre nom est cité.

Elle revient sur un passage très violent de la guerre, le printemps 1944 :

– Un moment donné, j'étais fatiguée, je n'arrivais pas à m'occuper des devoirs de Gilbert, et je vivais dans la peur constante d'une rafle. J'ai donc décidé de le placer comme interne dans un collège à Nontron. Le directeur était un Alsacien et m'a assuré s'occuper spécialement bien de Gilbert. Je téléphonais tous les deux jours au secrétariat et l'on me faisait beaucoup d'éloges sur lui : intelligent, un esprit curieux, toujours prêt à aider, à passer ses cahiers et devoirs. Il partage toujours le contenu des colis que vous lui envoyez. J'étais sur le chemin d'aller à Périgueux, j'aperçois de loin un enfant de paysan, culotte courte, un large chapeau de paille sur la tête et un bâton sur l'épaule portant un balluchon. J'approche, le soleil m'éblouissant. Qu'il est beau ce garçon, on dirait un petit Savoyard.

– Maman tu ne me reconnais pas ? C'est ton fiston.

– Mon Dieu mais qu'est-ce que tu fais là ?

– Les Allemands sont venus occuper le parc du collège, alors M. Schmitt m'a mis dans le train ainsi arrangé pour qu'on me prenne pour un petit paysan.

Il fallait donc que je retrouve ce M. Schmitt, alsacien, directeur de l'école communale de Nontron au printemps 1944.

Nontron est une petite ville industrieuse à une quarantaine de kilomètres de Périgueux. Sur la route, à travers la forêt de pins, je ne peux pas m'empêcher de penser à nouveau que je vais peut-être retrouver mon père. Cette fois, il aura l'allure d'un petit Savoyard de douze ans. Un blondinet aux yeux bleus auquel je devrai expliquer que, bien que j'aie l'âge de sa mère, je suis sa fille revenue le chercher avec un peu de retard.

On m'a recommandé de rencontrer un homme nommé Jean Bardoulat. Il a l'âge de mon père, vit depuis toujours à Nontron, a fréquenté son école communale pendant la guerre, en même temps que Gilbert. Sa mère, veuve de guerre, tenait le tabac, il en a hérité. Il connaît toutes les histoires de la ville.

C'est un grand type aux cheveux blancs, qui aime les châteaux et les marquises, qui parle avec plaisir du passé. On se retrouve devant une omelette aux cèpes dans laquelle il y a plus de cèpes que d'œufs.

Un homme à la table d'à côté me drague gentiment. Il vient d'investir dans une usine de pâtisseries située à Nontron, il fabrique des éclairs et des religieuses à la chaîne. Cela ne m'étonne pas. Je suis prête à tomber amoureuse d'un homme en costume, parce qu'il vit là où mon père a été caché. Il n'y a pas de hasard, c'est Gilbert, pour se faire pardonner son absence, qui me l'a envoyé.

J'ai cru à tant de signes censés indiquer clairement « ici, amour » qui me permettaient d'échapper à la réalité.

Le jeune homme en costume repart vers son usine de pâtisseries et j'écoute Jean Bardoulat me raconter l'école communale de Nontron en 1944 et son directeur M. Schmitt.

– M. Schmitt, le directeur de l'école de Nontron, était un réfugié alsacien. Il parlait bien allemand et se débrouillait avec les officiers allemands qui occupaient l'école. Les soldats étaient des Géorgiens, couverts de bijoux, M. Schmitt jouait aux échecs avec eux. Le directeur se rasait et se poudrait, il était très élégant et avait une femme ravissante qui ne parlait jamais. À l'hiver 1943-1944, on a vu arriver au collège un groupe de garçons, ils étaient cinq ou six. Personne ne les connaissait, ils n'étaient pas du coin. Ils venaient de la ville. On trouvait cela bizarre, certains n'avaient pas l'âge d'être au collège, un était trop petit, un autre trop grand. C'était difficile pour eux, car ils ne recevaient pas de colis de leurs familles. On avait tous une boîte, avec un pot de confiture, du pâté, les repas étaient vraiment dégueulasses. Eux, rien, et on n'était pas toujours partageurs. Enfin, certains oui. On nous avait prévenus qu'il s'agissait de réfugiés alsaciens. Bien après, on a su qu'ils étaient juifs. Donc on vivait tous ensemble à l'internat, les garçons, les nouveaux et les officiers. Cela a duré plusieurs mois. Et puis, tout le monde est parti, les Allemands, les Géorgiens et le groupe de garçons. Il y avait votre père dans ce groupe, un petit maigre ? Je me souviens de lui, mais il me semble qu'il venait d'Angoulême. Périgueux ? Vous êtes certaine ? M. Schmitt, on l'a su après, d'un côté il parlait aux Allemands, chantait, dînait avec eux, et de l'autre il faisait de la résistance et cachait des enfants juifs. Je crois qu'il a été décoré et qu'il a fait ensuite une belle carrière, il a été nommé préfet à Agen puis à un haut poste au ministère de l'Intérieur.

Je devais donc trouver M. Schmitt, sous-préfet à Agen après la guerre, qui avait caché un groupe de cinq ou six garçons juifs, dont mon père, l'avait déguisé en paysan et l'avait mis dans un train pour Périgueux, car le collège était occupé par les Allemands. J'étais dans le métro, de retour vers les Archives nationales de Pierrefitte, le cœur battant, espérant le retrouver comme si j'allais rejoindre un amoureux inconnu.

Est-ce que je le reconnaîtrais ?

Une archiviste très élégante, tailleur noir, chemise à jabot blanche, m'a proposé d'aller voir si on pouvait retrouver ce M. Schmitt à « Moscou ».

« Moscou » regroupe l'ensemble des dossiers sensibles de l'administration préfectorale volés par les Allemands en 1945 puis volés aux Allemands par les Soviétiques, et rendus à la France en 1993. J'étais presque enchantée de l'imaginer en agent double, Berlin, Moscou, Paris.

Il n'était pas à « Moscou », mais simplement nommé dans le dictionnaire des préfets. Il s'appelait Charles Schmitt.

Charles Schmitt est né en 1922, instituteur et directeur de cours élémentaire de 1943 à 1945 à Nontron. Combattant volontaire, il est admis à l'École nationale d'administration en 1945 et fait carrière dans la préfectorale.

En 1972, il est nommé préfet de Franche-Comté, muté sans nomination en 1973. Il est nommé haut-commissaire du gouvernement à Tahiti en 1974. Il meurt dans un accident en 1977.

Derrière ces quelques phrases, se cache un homme libre.

En décembre 1973, il est interviewé à la télévision lors d'un reportage sur la pollution du Doubs et de ses affluents. Ce qui m'attire, c'est regarder le visage, entendre la voix d'un homme qui a sauvé mon père, le sujet ne m'intéresse pas, j'ai tort.

Charles Schmitt va montrer une nouvelle fois un courage, et cela va lui coûter son poste.

C'est un bel homme au léger accent alsacien, bien mis dans un costume trois-pièces. Il parle depuis son fauteuil de la préfecture. Et, de sa voix posée, il accuse les industriels de la région de polluer la rivière :

– Il y a deux ans encore, le Doubs était le paradis des pêcheurs, aujourd'hui les truites ont disparu, celles qui restent ont si mauvais goût qu'on doit les rejeter. La rivière est envahie par une mousse verte sentant le gasoil.

Dans le reportage, un pêcheur accuse les dirigeants de l'usine Peugeot située en amont de verser dans l'eau un produit chimique utilisé pour nettoyer les carrosseries des voitures et Charles Schmitt demande aux industriels d'arrêter de polluer la rivière.

Un an après, le 18 décembre 1974, un article du *Monde* fait part de l'action de Charles Schmitt :

« Le Doubs est alors en train de mourir à cause des versements de produits chimiques dans ses affluents des usines Peugeot et Solvay. Une Association pour la protection des eaux du Doubs a dressé l'inventaire des déversements, a visité les entreprises, fait pression sur les municipalités et engagé des procès contre les pollueurs. Peugeot puis Solvay ont été condamnés, à la stupéfaction générale. Ces événements firent l'effet d'un électrochoc sur l'administration. Sous la direction énergique du préfet de région, M. Charles Schmitt, on a élaboré un plan de sauvetage du Doubs, qui a été accepté par Paris. Couvrant le VIe et le VIIe Plan, il s'étendra sur dix ans, jusqu'en 1985. »

Dix mois après, en octobre 1975, le président Giscard d'Estaing cède aux demandes de ses amis industriels. Les dirigeants des usines Peugeot souhaitent continuer de déverser leurs produits chimiques dans les rivières et ne souhaitent pas de ce préfet aux idées écologistes. Charles Schmitt est donc viré.

Il sera nommé six mois après, sous « l'amicale pression d'Edgar Faure », haut-commissaire de la République en Polynésie, où il meurt deux ans après d'un accident de bateau.

Charles Schmitt a sauvé Gilbert mon père de onze ans. Quand je téléphone à son fils Denis, que je retrouve si facilement, pour lui raconter que son père a sauvé le mien, il me répond :

– Cela ne m'étonne pas de papa. Il était ainsi. Mais il ne racontait rien de la guerre, rien sur la Résistance, rien de ce qu'il a fait.

Charles Schmitt (1922-1977), merci d'avoir caché et sauvé mon père de onze ans.

Mon père s'adressait à chacun, sans hiérarchie sociale inutile.

Il connaissait les prénoms et noms des commerçants chez qui il faisait ses courses, ceux de leurs enfants, leurs soucis de santé, bien sûr, car on lui demandait conseil, et il rassurait, cherchant, si nécessaire, les coordonnées d'un spécialiste. J'étais impatiente que les conversations se terminent quand je le suivais chez le boucher ou ailleurs.

– Tous ces inconnus sont si importants ?

– Oui, me répondait-il.

Nos maîtresses d'école, nos amis, les parents de nos amis, les gardiens du jardin du Luxembourg, les serveurs des restaurants qu'il fréquentait, les postiers, les éboueurs, les policiers en charge du quartier, la dame qui nous faisait traverser la rue devant l'école, celle qui servait à la cantine, il considérait chaque personne, car chaque personne était susceptible de sauver.

Mon père admirait. Il avait rencontré des héros, il savait que certains ont davantage de courage, de liberté de pensée que d'autres, que nous ne sommes pas tous égaux pour affronter la guerre.

Marguerite Eberentz, Thérèse Moreau et les habitants du quartier des Maurilloux à Trélissac où, dans une maison sur deux, était cachée une famille juive sans jamais qu'aucune soit dénoncée, Charles Schmitt, étaient les héros de sa vie réelle. Roland était le héros de sa vie imaginaire.

Les grands soirs, il récitait à table la Chanson de Roland.

Dans la version qu'il nous lisait, Roland, le preux chevalier, armé de son épée Durandal, allié à son fidèle ami Olivier, se bat la nuit entière lors de la bataille de Roncevaux contre les Sarrasins et ne meurt pas.

Dans sa version, le héros vainc et la chanson se termine par ces mots : « C'est ainsi qu'il épousa la belle Aude », la sœur d'Olivier.

Bien plus tard, en lisant la version intégrale de la Chanson de Roland, j'ai appris que Roland le chevalier était mort lors de cette bataille.

Gilbert avait arbitré que cela n'était pas possible. Dans les récits destinés à ses enfants, un héros ne pouvait mourir.

Pendant les cinq ans de l'Occupation, Gilbert a rencontré ce qu'il y a de meilleur et de pire dans l'humanité. De toutes ses forces, il a décidé qu'il ferait semblant d'oublier le pire et se tournerait vers le meilleur.

Ces héros l'ont porté tout au long de sa vie.

J'étais contente de retrouver Pierre. Il partageait mon enthousiasme. C'était bien de pouvoir remercier, d'avoir la possibilité d'être reconnaissant.

Il manquait encore une pièce dans cette histoire. Il me donna son article, *Un homme de style*, daté de 1991, pour que je comprenne :

« Peut-être de la vie instable et pourchassée pendant la guerre, avec l'éclaircie d'un long séjour dans une ferme de la Haute-Garonne où Gilbert apprit ces façons de faire qui vous allient durablement à la nature et à la vie une fois qu'on les maîtrise, cueillette, pêche à la main dans les rivières où l'on sait repérer les creux sous les pierres où surprendre la truite. [...] S'y était nouée une alliance avec cette France si diverse et divisée, dans laquelle s'étaient trouvés, par chance, des appuis, de la générosité simple et désintéressée, de la saveur. »

Après avoir lu ce texte, j'ai avoué à Pierre que je ne disposais que de très lacunaires informations sur ces semaines les plus heureuses et les plus libres de la vie de Gilbert. Une attaque de train par des résistants, à l'été 1944 en Haute-Garonne. La plus connue était celle de Mazamet par le maquis de Vabre le 19 août 1944.

Pierre m'a conseillé d'en parler à Henri Atlan, qui avait été « un grand frère pour Gilbert » après la guerre, et Monique, qui avait été son amoureuse dans les années 80.

– Et s'ils ne savent rien ?

– Ce n'est pas grave. Tu imagineras le reste.

Rencontrer les amis de mon père, c'est retourner, dans un pays qui n'existe plus, celui où mon père était vivant, ma mère était vivante.

Ces amis parlent au téléphone, boivent des cafés, ont des habitudes, vont au cinéma, sont aimables, prêts à répondre à mes questions, alors que la seule chose dont mes parents morts sont capables est de me regarder m'agiter en silence, d'approuver d'un lointain sourire et de se désoler, silencieusement, de mes errements.

Henri Atlan apparaît donc vivant, lumineux dans un sombre bistro, vêtu d'un imperméable, l'accent à peine chantant, souriant, amoureux de sa femme, entre deux avions.

– De la guerre, ton père ne racontait que cette histoire de truites. Il avait appris à pêcher la truite à la main. J'avais un an de plus que lui, j'étais le grand frère. Je l'ai connu en 1947 chez les scouts puis on s'est retrouvés en 1950 à l'école Gilbert-Bloch à Orsay. Une sorte de communauté juive, pas très éloignée de ce que j'ai connu à Berkeley dans les années 60, sans le sexe et sans la drogue. On était des hippies avant l'heure, une vingtaine de jeunes hébergés dans un château de la vallée de Chevreuse qui appartenait à un ancien collabo. Le vendredi soir, le château accueillait plein de monde, on dormait dans des lits de camp. Des garçons et des filles de dix-sept, dix-huit ans, ensemble. Cela déjà c'était révolutionnaire. C'était bouillant, mais on ne couchait pas. Les garçons et les filles faisaient des tours de parc. Le tour du parc, cela voulait dire, On est amoureux. On se tenait la main, on s'embrassait. Pas plus que ça. Ton père aimait cela, les tours du parc. On était tous traumatisés, mais on ne savait pas pourquoi. On ne connaissait pas grand-chose à la culture juive, on n'était pas religieux, et comment être juif, après la guerre ? Les professeurs étaient des juifs issus de la Résistance. Il y avait des conférences de sociologie, d'histoire, de philosophie. On lisait les textes du Talmud, les professeurs proposaient des interprétations modernes, libérales, démocratiques des textes. Nous, les élèves, on avait le droit, non seulement de donner notre avis sur les cours, mais aussi de questionner les règles. La réponse ne pouvait être « C'est comme ça ». Et puis on donnait notre avis sur les professeurs. On en a fait valser un certain nombre qu'on trouvait incompétents, peu pédagogues. Certains sont devenus mythiques, on les adorait. On avait une professeure extraordinaire. Elle n'était pas juive. Je ne sais pas comment elle est arrivée dans notre barda. Elle enseignait la rééducation vocale, elle nous apprenait à respirer et à nous exprimer, à poser nos pieds sur le sol. Le professeur de sport était un grand athlète ancien déporté. Il était revenu à l'état de squelette et nous avait expliqué qu'il avait retrouvé la vie grâce au sport. Il y avait des étudiants communistes. Leur théorie, c'était qu'en milieu capitaliste on pouvait être juif, mais qu'une fois la société communiste achevée, il faudrait que les juifs s'assimilent et oublient leur judaïsme. C'était assez comique. On se retrouvait, jeunes ashkénazes se demandant, après l'enfer qu'ils avaient traversé, comment être juif, et jeunes séfarades comme moi, à l'expérience si différente. L'idée est que nous devions infuser notre vitalité et notre pratique du judaïsme, parfois inexistante, mais en cours de recherche, dans les âmes de ceux restés en France pendant l'Occupation. On était partis à un camp scout en Haute-Savoie. Ton père mettait une main sous la pierre dans l'eau de la rivière et ramassait des truites à la main. À le voir, c'était très facile. Il en a attrapé ainsi une douzaine en à peine une heure. On les a mangées, c'était délicieux. Ce qui a été terrible, c'est quand j'ai voulu tenter de pêcher la truite seul. Je l'avais bien regardé, cela avait l'air si facile. Il plongeait la main et, à peine la main sous l'eau, il remontait avec une truite. Je n'y suis jamais arrivé. Cela me faisait enrager. Il m'a raconté ensuite qu'il avait appris à reconnaître les rivières, les pierres où il y avait des truites en Haute-Garonne pendant la guerre. Il avait passé l'été dans une famille de résistants.

C'était pour lui un souvenir lumineux. Il ne m'a rien raconté de plus. Il a toujours été comme cela. La seule chose que je peux te dire, c'est que ton père était un homme délicieux et généreux, que cette manière d'être au monde était une forme de politesse. Il aimait partager ce qu'il y a d'heureux. Et ces quelques semaines caché dans une famille à la campagne où il a appris à pêcher la truite à la main sont des moments très heureux qu'il chérissait et qui lui ont permis d'être ce qu'il est devenu.

Monique a été la femme plus ou moins cachée de mon père. Mon père était toujours marié avec ma mère, mais comme je le lui avais reproché, adolescente, sans être entendue, il alternait, selon son désir, entre plusieurs femmes. Une famille, avec une épouse et trois enfants, dans un grand appartement rue du Val-de-Grâce, et une femme plus jeune, dans un autre appartement, plus petit, quai de la Tournelle. Selon les habitudes familiales rien n'était dit, mais voilà, mon père s'absentait. Il louait un appartement quai de la Tournelle « pour respirer », c'était la seule explication à laquelle nous avons eu droit.

Un jour, ouvrant un tiroir de sa salle de bains, ignorant ce que je cherchais, fouillant pour le savoir, je découvris quelque chose. Un soutien-gorge et une culotte assortie en soie prune.

J'étais furieuse.

Hélène et Monique se ressemblaient. Brune, les pommettes hautes, le nez minuscule, Monique est d'origine marocaine. Quand je la retrouve aujourd'hui, elle m'appelle « ma chérie », ce qui me ravit et m'attriste à la fois, et me rappelle qu'Hélène ne savait pas utiliser ce vocabulaire affectueux. Monique était beaucoup plus jeune et joyeuse que ma mère. Pourtant, comme elle me l'a confié, « je pleurais tout le temps, car Gilbert ne pouvait quitter ta mère, il avait beaucoup souffert du divorce de ses parents en 1942. Il se partageait comme il pouvait entre vous et moi ».

(Je n'ose pas dire à Monique ce que je pense. Gilbert, quand il le souhaitait, retrouvait sa femme et ses enfants, pour une soirée ou quelques jours de vacances, c'était bien et rassurant. Et quand il était plein et rassuré, il repartait la retrouver elle ou une autre. Il n'attendait pas un appel, une visite, comme Hélène ma mère suppliante, espérant un moment d'amour qui finirait toujours par arriver, pour s'arrêter à nouveau.)

La manière d'aimer de Gilbert ne pouvait s'inscrire que dans la fuite, je l'ai longtemps imité.

Je retrouvais de temps en temps Monique pour parler de mon père. Avocate, elle m'avait aidée quand j'enquêtais en 2005 sur l'assassinat de Max.

Je l'interroge sur cet été 1944.

La question la fait sourire :

– Les mois les plus heureux de son enfance. Il racontait avoir découvert en Haute-Garonne la liberté. Il partait en forêt et rêvait.

Elle précise, en levant une main en l'air :

– Il disait même de sa vie.

Et ensuite, elle fait danser, aller et venir sa main, la promène pour me montrer ce que cela signifie.

À mon tour, je lui confie quelque chose.

De toutes mes forces, petite fille, je tenais à démontrer à mes parents que j'étais heureuse, que je n'avais aucun chagrin et qu'ils avaient donc réussi. J'étais la grande gagnante officielle du concours de la petite fille la plus heureuse du monde.

C'était un mensonge, bien sûr. J'étais seule face à leurs silences, sans savoir même que j'étais seule et que l'on nous mentait. Le silence ne donne aucune explication.

Longtemps, je me suis demandé, moi qui étais officiellement si heureuse, de quoi je devais me protéger, puisque je n'avais traversé aucune guerre.

J'avais juste compris que j'avais besoin d'un refuge et les seuls moments de plénitude de mon enfance étaient ceux où je m'abandonnais dans les livres. Je lisais le *Journal de Mickey*, les annuaires des rues de Paris, *Le Club des Cinq*, les *Récits de la Kolyma*, *La Grande Cuisine minceur* de Michel Guérard, sans distinction, ni hiérarchie, cherchant de manière obsessionnelle à remplir le vide.

À Périgueux, pendant la guerre, la cache des enfants est organisée par le Bureau d'aide aux réfugiés, une organisation juive de Strasbourg. C'est grâce à cette organisation que Gilbert est caché dans une famille de résistants en Haute-Garonne. Quand les fonctionnaires français ont commencé à arrêter les enfants, les membres de l'organisation ont compris qu'il fallait les disperser, afin qu'ils soient plus difficiles à repérer, et donc leur trouver des familles d'accueil.

C'est grâce à ses membres, dont Jeanine Weil, que Gilbert est caché en Haute-Garonne.

Jeanine Weil était une jeune femme de la bourgeoisie juive de Strasbourg, elle aimait s'occuper des enfants. Comme elle s'en est expliquée, elle a agi :

– On allait un peu à l'aveuglette, et on a trouvé des gens très coopératifs. Les parents ne voulaient même pas se séparer de leurs enfants. On devait les leur arracher, c'était la seule planche de salut. Pour que les places soient plus sûres, on changeait les enfants de départements. Ceux de Dordogne, on leur trouvait des familles à Montpellier ou à Carcassonne, et je ramenais les enfants de la région de Montpellier en Dordogne. Les voyages étaient très éprouvants. Je partais avec des groupes de huit, dix ou douze enfants très souvent en bas âge. Il fallait voyager de nuit, parce qu'il n'y avait pas beaucoup de trains. J'ai encore dans les oreilles le pas des Allemands qui marchaient dans mon dos, et je me demandais, avec inquiétude, si j'allais seulement arriver jusqu'à la gare avec ces gosses. Les petits n'avaient plus aucun lien avec leurs parents. Le seul lien qu'il y avait, c'était des gens comme moi. On apportait des nouvelles des enfants aux parents. Aux enfants, on apportait des nouvelles des parents, rien ne devait être écrit, aucune adresse. Les parents ne pouvaient pas écrire aux enfants, on avait si peur que par une négligence quelconque la cachette des enfants puisse être trouvée.

Jeanine Weil, qui a sauvé mon père, a ajouté :

– Si je me suis permis d'évoquer devant vous ces quelques souvenirs, et je ne voudrais pas m'appesantir trop longtemps, ce n'est pas facile pour moi, ce n'est pas facile pour vous, si je l'ai fait, c'est en souvenir de toutes ces jeunes filles et de tous ces jeunes gens qui ont fait exactement le même travail que moi et qui malheureusement ont été ou déportés ou fusillés. J'ai peur qu'on les oublie. Alors, de temps en temps, ayez une pensée pour ces jeunes qui ont sacrifié leur jeunesse, les plus belles années de leur vie, sans l'ombre d'une hésitation.

Je pense à eux, à Jeanine Weil et aux familles de Carcassonne, de Montpellier, des villages de Haute-Garonne qui ont accueilli ces enfants.

L'une d'elles s'est occupée d'un garçon de onze, il s'appelait Gilbert Schneck.

Il a été nourri, logé, on lui a appris à pêcher la truite à la main et il ne l'a jamais oublié.

Je ne connais pas le nom de ces gens, ni le nom de leur village. Je sais qu'ils ont participé à l'attaque du train de Mazamet en août 1944 et que mon père était si fier d'avoir partagé leur héroïsme.

Si la vie imaginaire atteint, parfois, la réalité, les parents se nomment Henri et Monette, ils ont un fils de dix-huit ans, Jean, et une chambre vide depuis la mort de leur fille Jacqueline en 1934.

Elle avait six ans.

Ils vivent dans une ferme à Lacrouzette, un village d'Occitanie à quinze kilomètres de Castres, ils appartiennent au réseau de résistance du maquis de Vabre, et c'est grâce à ce réseau qu'ils acceptent de recevoir, le temps qu'il faudra, un garçon de onze ans.

Jean désigne à Gilbert les chênes, les châtaigniers, les néfliers, les érables rouges, les peupliers d'Italie, les hêtres, merisiers, pistachiers, le chêne rouge d'Amérique à très grandes feuilles, le tauzin ou chêne noir, le chêne vert de Méditerranée au bois très dur, le rouvre dont le bois sert à fabriquer des tonneaux, tous témoins toujours changeants, toujours beaux, d'un monde nouveau.

Jean lui explique comment tailler le buis, sculpter une coque de bateau, un manche de couteau.

Tout enchante Gilbert, le chemin de l'école long de six kilomètres le matin et à nouveau six kilomètres le soir, la classe unique qui prépare le certificat d'études, lui qui avait commencé le lycée, le casse-croûte du déjeuner, du pain dense à la croûte caramélisée, un pâté de cochon bien gras. L'inquiétude qui étreint toute vie à Périgueux, chez sa mère, n'a pas la même place ici.

On conte les aïeux, les terres, les lignées, les souvenirs, on se transmet les exploits, telle truite de plusieurs kilos pêchée à la main, une récolte record d'abricots, il a fallu faire tant de confitures et de conserves qu'il n'y avait plus de place pour ranger les pots et on a fini par en nourrir les cochons qui ont eu, l'année 1937, un goût délicieux. Même les malheurs sont héroïques. Un incendie a rassemblé les femmes et les hommes à plusieurs dizaines de kilomètres à la ronde pour le combattre, des fermes détruites et reconstruites grâce à la solidarité des voisins, une année de sécheresse, 1934, où l'on s'est partagé les conserves des années précédentes, car rien, plus rien ne poussait, et le plus grand malheur, la mort de Jacqueline d'une morsure de vipère. Jacqueline aux grands yeux, « notre princesse » qui avait peur des araignées et des mouches, qui était si délicate, qui avait appris à lire toute seule dans l'unique livre de la maison, un album de recettes avec des gravures offert pour le mariage, le père sanglote à grosses larmes, sans rien cacher, se mouche, la mère se tait et puis on passe à autre chose. Chaque naissance et chaque mort est racontée et, quand on interroge Gilbert sur sa famille, ses origines, il ne peut rien dire, il ne sait rien.

En ces temps de guerre, il manque de tout, même ici à la campagne, alors on lui décrit le pétaram, le millasson, un flan à la fleur d'oranger et au zeste de citron, le millas, une galette de maïs, et la soupe à l'ail, le panset. Les parents se plaignent juste du manque de vin, qui a été réquisitionné, le père récite les bouteilles qu'il a cachées, du bergerac 1923, du 1928 et du 1937, et le vin de noix, les eaux-de-vie de prune, de poire, le ratafia, les liqueurs de framboise, de mûre, de mirabelle, de noisette sauvage, de châtaigne et de truffe. Il y a toujours du lait, des œufs, des pommes, des prunes, des pâtés.

C'est Jean qui apprend à Gilbert à observer sur les pierres les éclosions de petites perles grises ou plus sombres, entre le marron et le roux, au barrage de Cazères, là où l'eau est moins profonde, à laisser le bras dans l'eau boueuse, à passer sous les roseaux et les pierres et laisser la truite venir à soi, elle se faufile, sans méfiance, pas d'hameçon, pas de mouche, qu'une main d'homme.

Quand la gorge est profonde, les truites sont plus petites, plus nerveuses, quand le courant s'apaise, en aval, les truites s'épaississent, il est plus facile de les saisir, mais il faut savoir tenir de deux mains fermes le poisson. Il peut d'un coup de queue s'échapper.

Gilbert attrape une fario, puis un deuxième. Il suffit de regarder la rivière, il est fier de lui. Jean l'encourage. Ils partagent leurs secrets. Jean est amoureux de Marie.

Gilbert vient d'un monde clos, où tout fait peur, est interdit, et ici tout est ouvert.

Jean dit les choses qu'on ne lui a jamais dites, « quand je la baise, je suis au ciel ». Et Jean sent qu'il a là un interlocuteur intéressé par le sujet, alors il y va pour que le petit comprenne bien ce qu'il peut vivre :

– Tu as déjà touché la peau d'une fille, les seins tu en as vu en vrai, tu vois la peau des pêches bien mûres, prêtes à exploser, c'est elle et le minou, mon vieux, tu verras, c'est encore mieux, tu sais comment on fait, on se retrouve dimanche, on a notre coin à nous, cela m'embête pas si tu es discret, tu peux regarder pour apprendre, tu as déjà vu avec les animaux, tu sais te triquer au moins, on n'apprend rien à Périgueux, tu sais comment on fait pour pas que la fille tombe enceinte, le trou du cul c'est bien aussi si tu y vas doucement et là pas de risque qu'elle soit enceinte, et avec la langue, tu peux toujours t'entraîner avec Michel, tu vois qui c'est le garçon de la ferme des Verdier, il est toujours prêt, faut que tu aies un peu d'expérience avant de commencer avec les filles, avec un gamin de ton âge, c'est bien, douze ans c'est le bon âge pour commencer, t'as jamais vu tes parents faire ? Jamais ? Même pas entendu ? Je peux te dire, mon père y sait y faire avec ma mère, je les entends, c'est cela qui les a sauvés de la mort de Jacqueline, tous les soirs, tous les matins, l'après-midi parfois mon père y quittait le champ et y courait avec ma mère dans la chambre, je savais pourquoi, après ça allait mieux pour ma mère jusqu'au lendemain, mon père il a sauvé ma mère avec ça, je t'assure, y a rien de mieux pour sauver les gens, mon père il est réputé, y a des femmes qui lui tournent autour, depuis la mort de Jacqueline y a plus que ma mère, moi aussi y a des femmes qui me tournent autour, ici elles sont directes, elles te regardent, elles te proposent de faire un tour, moi je garde tout pour Marie, je veux pas gâcher ma semence, il suffit que je la regarde et hop, suis au garde-à-vous, il doit être petit le tien, tu verras il va grandir, tu as le petit bout coupé, ça va, ça fait pas mal, faut que tu te muscles un peu et, avec tes yeux bleus, tu vas avoir du succès avec les filles, tu leur fais une petite blague, un compliment bien tourné, faut y aller direct, pas hésiter, Marie je lui mange le minou, elle a un goût d'abricot, c'est bon, mieux que tout, tu sais je me demande si de trop aller à l'école comme toi ça n'enlève pas le goût pour ce qui est dans la nature.

Jean et ses parents appartiennent au réseau du maquis de Vabre allié à la compagnie Marc Haguenau, un groupe de résistants juifs issu du scoutisme dirigé par Robert Gamzon.

Gilbert a le droit d'écouter les conversations des combattants.

– Moi, je suis rentré au maquis pas pour des prunes, pour des pommes. En octobre 1942, j'ai pris le tortillard de Ferrières à Castres. Je suis descendu à l'Albinque, je portais un petit sac de pommes à une parente de Castres. Un monsieur à casquette est sorti de la cahute et m'a dit : C'est interdit, confisquées. Y avait deux flics à côté. J'ai su qu'obtempérer. J'avais dix-huit ans, j'étais bien élevé. Un quart d'heure après, je suis revenu vers la cahute et j'ai vu par la fenêtre le gabelou et les flics manger mes pommes. À la minute même, je suis entré en résistance. Trois mois après à Toulouse, c'était effectif. Tout le reste a suivi. Il y a toujours et partout des pommes confisquées et des gens méprisés. C'est pourquoi je suis pas un ancien combattant. Je suis un combattant.

La grande affaire à laquelle participe le maquis de Vabre, cet été 1944, est l'attaque du train de Mazamet.

Monette, Henri, Jean et les autres avaient été prévenus par des cheminots que les Allemands quitteraient le soir du 19 août la gare de Mazamet dans un train rempli d'armes pour les livrer dans le Nord et renforcer leur défense contre le débarquement allié. Ils avaient dix heures pour obtenir les bons renseignements, à quelle heure exactement le train partait et s'organiser, traverser Mazamet, sous le couvre-feu, afin de prévenir chacun d'être en position, miner la voie de chemin de fer, choisir le lieu de l'explosion où, armés de fusils-mitrailleurs, ils pourraient ensuite attaquer.

L'attaque est un succès, mais un maquisard est mort, un jeune polytechnicien nommé Gilbert Bloch.

On reviendra sur Gilbert Bloch, il sera un nom tutélaire qui sauvera à nouveau mon père.

C'est aussi ici que Gilbert va rencontrer pour la première fois l'assassin de son père.

Simon Mazia a dix-huit ans.

Il est inscrit sous le nom de Simon Bernstein dans le relevé du registre du réseau de résistants du maquis de Vabre.

Date de naissance : 26 février 1926 à Bucarest. Date de son inscription : 30 juillet 1944. Surnom : Siq. Qui prévenir en cas de décès : Faure, 2 rue de la République, Périgueux.

Pierre doit se faire opérer la semaine prochaine. Une lourde opération du poumon. On ne sait pas si l'opération est utile. Si elle réussit, il espère qu'elle lui permettra de reprendre sa vie d'avant. C'est-à-dire sortir tous les soirs, danser, fumer, draguer des filles. Après la mort de sa femme, qu'il a aimée entièrement pendant quarante ans, il a changé. Soizic et lui étaient si proches et aimants. Mais seul comptait Soizic pour Pierre et Pierre pour Soizic. Pierre s'est ouvert à un groupe d'amis fidèles.

Le téléphone de Pierre sonne sans cesse, fêtes, projections, verres, dîners, colloques, lectures, sexe et amours.

Il ne pouvait renoncer à cette vie-là qui lui avait permis de remplir sa vie sans Soizic.

Il a donc décidé de se faire opérer.

Il déteste se plaindre et quand je vais le voir, à mon retour à Paris, il me suggère d'arriver avec un bon sujet de conversation :

– Je n'ai pas envie de parler de l'hôpital et de ma santé.

Cela tombe bien. J'ai une question à poser à Pierre.

Pourquoi Thérèse Moreau, Charles Schmitt, Joseph Garreau, Marguerite Eberentz, les résistants du maquis de Vabre ont-ils sauvé mon père ?

Pourquoi Jean Popineau, René Rivière et d'autres, gendarmes, policiers, fonctionnaires, ont-ils participé à une entreprise dont l'objet était de le tuer ?

Pierre a l'air ravi que je lui pose cette question. Il me répond avec patience, sans agacement et avec toujours ce ton parfois moqueur, dont je comprends enfin qu'il s'agit d'un signe de tendresse :

– Peu de gens veulent de manière délibérée le mal, ont conscience de détruire. Ils détruisent en pensant faire le bien, c'est d'ailleurs la manière la plus puissante de faire le mal, vouloir faire le bien. Je ne fais que citer Vassili Grossman : « Là où se lève l'aube du Bien, les enfants et les vieillards périssent, le sang coule. » Même les nazis voulaient construire un monde meilleur.

– Mais pourquoi certains sont capables, comme Charles Schmitt, de s'opposer, de dire non, et d'autres comme Popineau et Rivière obéissent ? Tu crois qu'on fait le bien parce que l'on a intérêt à le faire ? Qu'on se conduit mal parce qu'on est conditionné par son milieu, son histoire, à le faire ? Parce que l'on ne sait pas que l'on peut désobéir ? Parce qu'on a perdu tout sens de ce qui est bien et de ce qui est mal ?

Est-ce une question sociale ? Les habitants de Trélissac qui ont caché des familles étaient des ouvriers, des employés, ceux qui ont résisté dans le maquis de Vabre des fermiers, des ouvriers agricoles, ceux qui établissaient des listes, des hauts fonctionnaires, des bourgeois.

Même si ce n'est pas si simple. De grands bourgeois, des aristocrates, des hommes et des femmes qui possédaient un statut social et économique ont tout lâché pour résister.

– Qu'est-ce que tu crois, toi ?

– Moi qui vis comme une bourgeoise, je crois qu'il m'arrive de bien me conduire, parce que j'en ai envie, cela me fait plaisir, ou parce que j'ai intérêt à le faire, je sais que cela va me rapporter quelque chose non de matériel, plutôt une jouissance morale. C'est la conviction d'être, pour une fois, juste qui est réconfortante. Et aussi, je ne suis pas certaine de supporter de faire consciemment du mal, même si cela m'est arrivé, sûrement. Torturer, battre, tuer, il me semble que j'en suis incapable. J'aurais bien trop peur de ne plus pouvoir vivre avec, je ferais trop de cauchemars, je serais incapable d'oublier. Établir une liste dans laquelle j'inscrirais des noms d'enfants, de femmes, d'hommes afin qu'ils soient arrêtés ? Non, je ne pourrais pas. C'est pour cela que j'ai tant de mal à comprendre ce qui s'est passé dans la tête de types comme Popineau ou Rivière. Je vois des familles dormir dehors, des enfants dans des sacs de couchage dans la rue et je n'agis pas. Je peux donc être mauvaise par indifférence. Peut-être était-ce le cas de Popineau ? Mauvais par indifférence ?

Devant le sourire de Pierre, je préfère ajouter :

– Sauf que Popineau et Rivière eux ont agi, ils ont établi des listes, organisé des rafles, donné des ordres d'arrestation d'enfants. Je me contente de ne rien faire. Pendant la guerre, est-ce que j'aurais accueilli une famille juive comme l'a fait la mère de Guy Moreau, le jardinier Garreau, les résistants de Haute-Garonne, est-ce que j'aurais pris le risque de cacher un groupe de garçons juifs dans mon lycée occupé par des troupes allemandes comme l'a fait Charles Schmitt ? Fabriqué des faux papiers et gardé le silence sous la torture comme Marguerite Eberentz ? Non, puisque je ne le fais pas aujourd'hui pour les réfugiés syriens ou afghans.

Pierre est toujours silencieux. Pour me sortir de l'embarras, j'avance un dernier point :

– Je crois que c'est dans *L'Archipel du Goulag* que Soljenitsyne écrit que le bien et le mal traversent le cœur de chaque homme ? Tu le penses aussi ?

Pierre fronce les sourcils et récite par cœur :

– Peu à peu, j'ai découvert que la ligne de partage entre le bien et le mal ne sépare ni les États, ni les classes, ni les partis, mais qu'elle traverse le cœur de chaque homme et de toute l'humanité. Cette ligne est mobile, elle oscille en nous avec les années. Dans un cœur envahi par le mal, elle préserve un bastion du bien. Dans le meilleur des cœurs – un coin d'où le mal n'a pas été déraciné.

– C'est ce que mon père pensait ?

– Ton père ne voulait pas penser le mal. C'était trop douloureux pour lui.

Puis Pierre s'adoucit :

– À force de travail et sans le faire exprès, tu arriveras, peut-être, à écrire un vrai livre.

Je suis tellement gênée par ce qui ressemble à un compliment, inhabituel chez lui, que je me lève sans savoir quoi faire de moi.

– Arrête de t'agiter. Ce que tu peux être maladroite. Je n'ose même pas te demander si tu es capable de me préparer un thé sans renverser l'eau dans la soucoupe. Non, ne bouge pas. Tu ne sais pas où est la théière. Plus simple si je m'en occupe. Si je n'avais pas si mal au bras, je suis si vieux. Donne-moi mon portable, j'ai plein de messages.

Il m'indique ensuite le livre de l'historien américain Christopher Browning *Des hommes ordinaires. Le 101e bataillon de réserve de la police allemande et la Solution finale en Pologne*.

Christopher Browning a analysé les témoignages de 210 policiers allemands qui pendant 16 mois, en Pologne, ont tué en fusillant ou en faisant déporter 83 000 hommes, femmes, enfants. Le premier jour, à leur arrivée dans le village de Józefów, le commandant du bataillon leur a laissé le choix, ils pouvaient refuser l'ordre de fusiller les 1 500 juifs arrêtés.

Comment ont-ils fait ? Pourquoi ? Certains ont-ils refusé ? Hésité ? Pourquoi ont-ils obéi à un ordre inhumain ? Accepté d'être inhumains ?

Est-ce une question sociale, culturelle, psychologique ? D'intérêt ?

Vingt pour cent environ de ces 210 policiers allemands ont refusé de tuer. Qu'avaient-ils de différent ?

Rares sont ceux qui refusent pour des raisons morales ou politiques, ils se justifient pour des raisons physiques, une sorte de répulsion les rendant incapables de tirer sur un civil.

Quatre-vingts pour cent des policiers ont tué, tout en étant, au moins au début, horrifié.

Ils tiraient sur des femmes, des enfants, regroupés devant eux, car d'autres tuaient pour ne pas être différents, ostracisés, afin de continuer d'appartenir à un groupe humain même si celui-ci avait perdu toute humanité, le 101e bataillon.

Certains étaient des policiers de carrière, ne pas obéir, c'était prendre le risque d'être exclu de la profession.

Ils se posaient la question, être lâche, être courageux, tentant de trouver une réponse.

Être lâche, c'était refuser de faire le sale boulot ou c'était le faire, ne pas abandonner les autres dans cette terrible mission ? Ou fuir, refuser de participer ?

La différence entre ceux qui participaient et ceux qui refusaient était parfois grise. Certains de ceux qui tiraient faisaient exprès de manquer les enfants, mais tuaient leurs mères. Certains tiraient puis pleuraient. Ceux qui refusaient avaient moins à perdre, un métier ou une famille les attendaient en dehors du 101e bataillon. Ceux qui ont refusé se sont définis comme « lâches ».

Sauf exception, car il existe des « êtres d'exception » par leur indifférence au fait d'être exclus du groupe, d'accepter la solitude de pensée et d'action.

Aucun préfet de Vichy n'a désobéi, tous ont appliqué sérieusement des ordres indignes, car c'était leur mission. Désobéir, c'était s'exclure du groupe.

J'ai pensé à Pierre qui a consacré sa vie à écrire, indifférent à la réception de ses œuvres par le milieu littéraire, à ce qu'on pouvait en juger, s'excluant de tout groupe, de toute mode, de tout ce qu'il faudrait faire pour être accepté, refusant de se plier, d'être agréable et sympathique, admettant la solitude de pensée et d'action.

Combien cette capacité à ne pas obéir, qui conduit à la solitude, est rare, combien cela est effrayant de reconnaître que nous sommes tous, sauf exception, capables de faire le mal par peur de l'exclusion.

Pierre est sorti de l'hôpital, l'opération s'est bien passée mais il est très fatigué.

Il accepte que je prépare le repas.

Et il parle :

– Ton père avait un charme infini. Il était mon ami, mon beau-frère et surtout mon ami. Il m'agaçait pour son goût pour les jolis objets, les jolis pulls, les jolis hôtels. Il m'agaçait aussi parce qu'il pensait qu'à tout problème il y avait une réponse matérielle. Il téléphonait à untel, conseillait, espérait, tentait de trouver une solution. Comme si tout problème avait une solution matérielle ! C'est absurde. Mais il avait une foi dans la vie, une générosité qui donnaient envie de rester à ses côtés, qui donnaient envie de le croire.

Je demande à Pierre :

– Comment faisait-il avec les guerres ? Où étaient cachés la peur, l'assassinat de son père, la guerre d'Algérie ? Est-ce que sa gaieté n'était qu'une apparence ?

Pierre répond en souriant :

– Les survivants sont rarement mélancoliques.

Puis il se fait à nouveau moqueur et évoque un film que je viens de réaliser pour Arte, *Les Vieux Amoureux*, qui raconte une histoire d'amour heureuse entre un homme de soixante-quinze ans et une femme de soixante-dix ans.

– Je n'ai pas compris l'intérêt que tu as à me montrer ce film. En quoi cela me concerne ? Quelle est la leçon ?

– Qu'un amour heureux est possible.

– Une histoire d'amour heureux, pff. Je m'en fiche.

– Eh bien, moi, j'y crois toujours.

– Tu es bien aussi agaçante que ton père.

Et il rigole de son bon coup. Je rigole avec lui, je ne me suis jamais sentie aussi assurée en sa présence.

J'ai neuf ans, je dois apprendre une poésie sur le monstre du loch Ness pour le lendemain matin, je refuse, j'ai des arguments, le monstre n'existe pas, cette poésie n'a aucun sens. Mon père m'écoute comme si ces arguments étaient valables, comme si j'étais l'enfant la plus raisonnable du monde, comme si, par mon intelligence, j'avais découvert à la fois un principe éducatif fondamental, les enfants savent ce qu'ils ont à apprendre mieux que quiconque, et un principe littéraire, une poésie écrite sur une invention est nulle. Je continue, fière de moi, et quand, enfin, je sais que j'ai gagné, il me répond, Oui, tu as raison, mais comme il faut malheureusement obéir à la maîtresse, tu vas apprendre ta poésie et la semaine prochaine je t'emmène en Écosse. On ira voir ce loch Ness et tu pourras expliquer à ta maîtresse que le monstre n'existe pas. Sauf si tu l'aperçois et que donc il existe. Ce sera, de toutes les manières, une découverte intéressante.

J'ai encore dans la bouche le goût de la glace laiteuse à la fraise que nous avions partagée pour le dessert à Glasgow, une vision de brume sur un lac marron.

Un officier de la garde de la reine m'a fait un clin d'œil et les kilts des hôtesses de l'air étaient à carreaux rouges et mauves.

Je n'étais pas loin d'être insupportable, seule à tout jamais, car qui peut aimer une fille aimée ainsi par son père ?

Et pourtant, je ne peux m'empêcher d'y croire.

Un ami de Pierre, cardiologue et écrivain, arrive. Il me confie combien Pierre a été encourageant quand il a publié son premier livre. Je démens :

– Quoi ? Pierre charmant et encourageant ?

Pierre s'étonne :

– Je n'ai pas toujours été gentil avec toi ?

C'est un déjeuner très gai. C'est ce que je note dans mon carnet l'après-midi même.

On doit déjeuner ensemble lundi.

Je lui téléphone le dimanche pour reporter notre déjeuner. Ma fille a perdu son passeport deux semaines avant son départ en vacances et je dois me rendre d'urgence à la préfecture de police.

Il a une voix nouvelle, tendre, douce.

J'ai si peur, je le rappelle le lundi matin.

Pourquoi me parle-t-il comme ça ?

Il m'interroge sur le passeport de ma fille. Est-ce qu'elle l'aura à temps pour partir en vacances ? Il a perdu toute aspérité, toute moquerie, il n'y a plus rien d'aigu dans ce qu'il dit, il répète :

– C'est bien, c'est très bien.

Pierre ne m'a jamais fait de compliment, sauf une fois, sur une paire de sandales à brides, il était très enthousiaste.

Parfois, sur mes projets, à la lecture d'un de mes livres, il dit, C'est bien, sans se répéter, ni s'étendre en louanges qu'il juge inutiles.

Quand ma cousine m'appelle le lendemain matin, je sais que Pierre est mort.

3

Le scandale et la honte

En 2006, j'ai publié mon premier livre, un court récit qui avait pour titre *L'Increvable Monsieur Schneck*. J'avais appris, en lisant un vieux numéro de *Paris Match*, que le père de Gilbert, Max Schneck, avait été assassiné en 1949 et que ce fait divers avait fait la une des journaux pendant plusieurs semaines. On racontait que Max Schneck avait été tué par son amant Simon Mazia, qu'il s'agissait d'une passion homosexuelle qui avait mal tourné, l'assassin l'avait coupé en morceaux, avait placé les restes de son corps dans une valise trimballée à travers toute la France avant d'être arrêté à Marseille.

Mon père, fidèle à sa devise, ne parlons pas des choses qui fâchent, n'avait jamais évoqué la mort de son père. Il était mort un point c'est tout. Pourtant, en découvrant ce *Paris Match*, j'avais été à peine surprise, comme si j'avais toujours su.

J'ai retracé l'histoire de la mort de Max et découvert que, s'il avait bien été tué par son ami Simon

Mazia, celui-ci n'était pas son amant et ne l'avait pas coupé en morceaux ni trimballé dans une valise à travers la France.

En mai 1949, Gilbert a seize ans, il est en première au lycée Turgot à Paris. Ses parents ont divorcé à la Libération. Max ne le souhaitait pas. Il avait tenté de convaincre Paulette que ses infidélités, ses absences n'avaient aucune importance. La fin de la guerre apporte peu de bonnes nouvelles.

Gilbert a survécu. Pourquoi lui ? Le fils Kahn, son voisin à Trélissac, est mort. Il n'est pas le seul juif à être toujours vivant. Dans sa classe, il y en a d'autres. Cela ne change rien à la culpabilité. De toute manière, on ne parle pas.

Il porte tant d'autres hontes.

Il est le seul de sa classe à avoir des parents divorcés. Son père est reparti à Strasbourg. Il habite avec sa mère et son beau-père, Eugène Rosenfeld, un tailleur originaire de Transylvanie dont la première femme et le fils de quatre ans ont été déportés.

Ils vivent rue des Petites-Écuries, dans un petit appartement où l'on entre en se déchaussant et on marche sur des patins, où est concentrée toute l'angoisse juive possible. L'appartement n'est que règles, angoisses, culpabilité, silence, larmes, étouffement, amour écrasant. Il faut s'en échapper et il est aussi la base de tout. Un amour infini pour les enfants, une culture autant vivante que morte, le désir de vivre libre, heureux puisqu'il a survécu.

Gilbert a seize ans, il tente de survivre, de penser à l'avenir, il n'en a pas terminé avec la honte. Et si l'on pouvait construire une échelle de la honte, ce qui lui est arrivé au printemps 1949 arriverait en haut d'un gratte-ciel. Un gratte-ciel entièrement recouvert de merde.

L'écrivain Philip Roth raconte comment, accompagnant son père très âgé et malade vers la fin, il a nettoyé, dans la salle de bains, la merde de son père incrustée sur les joints du carrelage, avec une brosse à dents :

« Pourquoi tout cela était-il bien et dans l'ordre des choses, la raison n'aurait pas pu m'en paraître moins évidente, maintenant que la besogne était faite. Donc c'était cela le patrimoine. Non que nettoyer la merde fût symbolique d'autre chose, mais précisément parce que cela ne l'était pas, parce que c'était ni plus, ni moins que la réalité vécue que c'était. Tel était mon patrimoine : non pas l'argent, non pas les téphillim, non pas le bol à raser, mais la merde. »

J'étais prête à affronter la merde, il s'agissait d'une part de mon héritage.

C'est un numéro de l'hebdomadaire *Détective*, il date du 27 juin 1949.

En une, la photo d'un jeune homme la tête baissée sous un béret noir, il porte une chemise blanche dont les manches sont remontées aux coudes, il est menotté. Il est entouré par trois hommes plus âgés, ils sont aussi en bras de chemise, mais avec une cravate. Le premier, une pipe à la main, le regarde les sourcils froncés, il tient un tissu taché, le deuxième est penché sur une valise ouverte, le troisième examine une veste à carreaux.

Sous le titre *Détective*, majuscules blanches sur fond noir, un sous-titre, le grand hebdomadaire des faits divers, numéro 156, tous les lundis, 25 francs.

Je me raccroche à ces informations, car tout me paraît fictif chez Max Schneck. Il est un personnage, un mauvais héros, j'aimerais qu'il redevienne un être de chair.

Mon père ne parlait jamais de son père.

La seule chose que Gilbert mentionnait qui eût un rapport avec Max est que, l'année suivant sa disparition, il avait décidé, en signe de deuil, de ne plus aller au théâtre.

Par la suite, le théâtre devint pour lui l'allié de la tristesse et de la honte, aller voir une pièce le plongeait dans un état qu'il ne pouvait partager.

La mort de son père était une fiction. Il fallait sortir de cette fiction.

Son père tel que le décrit la presse de l'époque, trouble, maléfique, est un personnage de fiction.

Qu'est-ce qui est juste à part le prix de 25 francs et la parution hebdomadaire le lundi dans ce qui va suivre ?

À quoi puis-je me raccrocher pour savoir qui était le père de mon père ? Partout, il glisse, disparaît, s'absente, sans papiers, sans traces, il s'exile, fuit, ne demande rien, refuse les cadres.

Dans *Détective* du 27 juin 1949, je lis une histoire. N'est-ce pas ce que je tente de faire aussi, écrire une histoire qui ne sera jamais la totalité d'une vie, mais de simples fragments ?

Majer Schneck est réduit à quelques rôles : ami et bienfaiteur, divorcé et possesseur d'un joli magot, coureur de jupons, malade, débile, sujet à des dépressions, son crâne fracassé, son visage saignant, un corps dans une malle.

Un portrait photographique d'un homme châtain, les cheveux lissés en arrière, un visage mince, des sourcils très arqués, les yeux proches, le nez droit, le menton en arrière, vêtu d'un costume foncé, chemise à col pointu, cravate, la photo est soulignée de ce titre :

« Majer Schneck avait une réputation d'homosexualité. »

Le verbe est au passé, cette réputation a-t-elle été remplacée par une autre ?

Les réputations s'usent vite, surtout quand elles ont un caractère sexuel. Elles sont si excitantes quand on n'est pas l'objet. Max serait homosexuel, vieux et riche, Simon est pauvre et jeune. De l'argent contre des services, du sexe contre un travail. Coucher pour réussir.

La photo de la maison d'occasions de la place de la Grande-Boucherie, soulignée de ces deux commentaires :

– Le magasin va prospérant.

– Devant le magasin de Schneck, la foule strasbourgeoise n'a cessé de défiler.

Gilbert entre le plus doucement possible, espérant ne pas se faire entendre, que sa mère ne vienne pas le déborder de questions sans réponses possibles :

– Tu ne nous aimes plus ? Tu n'aimes plus mes petits croissants aux noix ? Tu préfères ceux de Mme Gold ? Tu n'aimes plus ma salade cuite ? (Il ne l'a jamais aimée.) Tu n'as pas goûté aux harengs marinés dans leur laitance ? Je ne dors plus, tu n'as pas terminé les carottes nouvelles épluchées pendant tout un après-midi en pensant à toi, c'est pour ton popo, j'ai compté, tu es resté vingt minutes dans les cabinets hier, tu es constipé, tu ne te touches pas où je pense j'espère, c'est très mauvais pour le cerveau, l'année dernière tu étais premier de la classe et cette année tu n'es que cinquième, tu n'aimes plus ta maman, tu vas manger de la salade cuite ce soir, c'est bon pour ton ventre. J'ai reçu le mandat de ton père, il avait deux semaines de retard, ce n'est pas avec ce que le pauvre Eugène gagne que l'on peut s'en sortir, j'ai des soucis, je ne veux pas t'embêter avec ça, ce n'est pas des soucis de ton âge, tu en as assez vécu comme ça, enfin tu as un père, pas comme moi, orpheline de père à sept ans, il s'était engagé volontairement dans l'armée hongroise, ton père lui aussi il a voulu s'engager dans la Légion étrangère, ils n'ont pas voulu de lui, pas assez fort, il est si fier que tu sois français, un Français, mon fils. Tu dois te comporter comme un bon Français, ne pas te faire remarquer avec des taches sur ton pantalon ou en restant trop longtemps dans les cabinets. Dieu te voit. La police française te voit. N'écoute pas les racontars sur ton père, c'est un honnête homme d'affaires, tout ce qu'il fait, tout l'argent qu'il gagne c'est pour nous. Le violon qui était volé, il l'a rendu. C'est qu'il y a toutes ces filles qui lui tournent autour et qui lui font dépenser son argent. Des shikses, les pires de toutes, moins que des prostituées. Mon fils, n'épouse jamais une femme comme ça, elles te font tourner la tête, tout ce qu'elles veulent c'est ton argent, tu les reconnaîtras, elles sont souvent blondes, elles se donnent comme ça un air innocent et comme toi tu es très beau, que tu as les yeux bleus, que tu es bien élevé, que tu seras docteur ou ingénieur en brasserie, elles vont toutes te poursuivre. Une bonne fille juive, sérieuse, bien élevée, avec de bons parents, des parents riches qui pourraient vous aider et vous loger. Je la vois, une petite comme moi, brune, avec de grands yeux bruns, une Hongroise, c'est ce qu'il y a de mieux. Ne t'avise pas d'épouser une Roumaine. Les Roumaines sont des voleuses. Même juives, elles ne valent pas mieux que les autres. Les Allemandes sont prétentieuses, les Russes folles, les Polonaises pauvres. Les Hongroises, elles savent danser et chanter, elles savent cuisiner, elles sont élégantes. Regarde ta mère.

Gilbert ne veut pas non plus déranger Eugène, qu'il appelle Papi et que Paulette a épousé après la guerre.

Paulette et Eugène ont été présentés l'un à l'autre à une soirée de l'Amicale de la société de Transylvanie.

Les dames de la communauté des anciens de Transylvanie se répétaient :

– Eugène, le pauvre, il a perdu sa femme et Moïse, son fils de quatre ans et demi, déportés, il ne faut pas le dire, ne pas en parler.

– Paulette, la pauvre, une divorcée, son mari était volage, il lui donne une bonne pension pour elle et leur fils, il est installé à Strasbourg, il a un petit commerce d'antiquités-brocante qui marche bien, le fils a treize ans, c'est un gentil garçon. Il remplacera le petit Moïse, mais il ne faut pas le dire, ne pas en parler.

C'est un long trajet en métro pour la porte des Lilas. J'avais appris que l'on gardait un échantillon des dossiers scolaires des lycées parisiens. Avec un peu de chance, je pouvais retrouver celui de Gilbert au lycée Turgot.

Ces années au lycée Turgot, il en parlait souvent, il y avait rencontré un de ses meilleurs amis, Claude Olievenstein. À l'époque où j'avais le droit d'écouter toutes ses conversations, j'avais entendu Claude raconter qu'il allait avoir le prix Nobel de la paix. Claude était un psychiatre spécialisé dans le traitement de la toxicomanie. Il me semblait alors que tous les amis de mes parents étaient juifs et avaient des projets grandioses.

Sur place, une bibliothécaire m'informe qu'est conservé un échantillon des dossiers scolaires des élèves du lycée Turgot entre 1946 et 1952. Elle me confia une fiche cartonnée bleu clair avec pour titre imprimé en lettres grasses :

– Fiche de renseignements. Gilbert Schneck

Date d'entrée : 7 octobre 1946 et D (*pour départ*) : 3 novembre 1950

Date et lieu de naissance : le 23 décembre 1932 à Schiltigheim (Bas-Rhin)

Adresse des parents : 3 rue des Petites Écuries, Paris 10e

Numéro de tel : TAI 65 04

Nationalité : française

Pupille de la nation : non

Boursier : non

Profession des parents : tailleur (*avec un ajout à la main*) à domicile

Situation de famille : (*ajout à la main de la même encre*) fils unique

Ces corrections à la main à l'encre noire sont de Paulette dont je reconnais l'écriture ronde et appliquée.

Elle précise la profession de son mari, tailleur, non dans une maison de couture mais travaillant pour le plus offrant, de manière aléatoire, sans revenus fixes : « à domicile » et aussi ce « fils unique ». Sa grandeur et sa tristesse. Il est son « tout ». Il ne lui a pas été possible d'avoir d'autres enfants.

Un an après la naissance de Gilbert en 1932, Hitler est au pouvoir en Allemagne, de l'autre côté du Rhin, ce n'est pas le moment d'avoir des enfants, puis c'est la guerre, puis c'est l'inquiétude qui se colle à leur vie.

Elle me l'a confié, et je n'en revenais pas qu'elle me fasse cette confidence.

Après la guerre, elle est tombée enceinte de papi Eugène et pour elle c'était la catastrophe. Elle a avorté. Elle ne pouvait pas imaginer revivre cette terreur-là, avoir un enfant, c'est aussi en porter la mort future. Il est né, il mourra un jour, et si ce jour arrivait avant votre propre mort, alors la vie n'aurait pour elle aucun sens. Un autre enfant, c'était ajouter de la terreur à la terreur, elle ne s'en sentait pas capable.

Elle ne se sentait pas capable d'affronter la vie entièrement. Elle était malade, une tuberculose qu'il fallait soigner et nécessitait beaucoup de repos.

Elle était triste, car elle avait quitté un homme dont elle était très amoureuse. Max lui manquait et elle ne pouvait dire cela à personne. Il était infidèle, absent, colérique, dépressif.

Elle a demandé le divorce.

Elle a épousé un homme qu'elle n'aimait pas, mais qui était bon et qui a su adoucir sa vie.

Elle est allée avorter.

Elle a ajouté à la main sur le carton bleu : fils unique. Agrafé au dossier scolaire trois photos d'identité de Gilbert.

La première est celle d'un garçon de quatorze ans encore enfantin au regard doux, une mèche brune bien coiffée plantée haut sur le front, un nez long et fin, la bouche petite aux lèvres très dessinées, entrouverte. Il porte une chemise blanche, un pull-over à col rond, un veston de laine.

À quinze ans, la photo suivante, une fine mèche brune est tombée sur son front, il baisse les yeux, son sourire est mutin, chemise blanche à grand col, pull-over à col en V, un veston en laine au col cousu d'une bordure d'une couleur différente, un insigne de métal posé sur le revers.

Sur la troisième photo, celle de ses seize ans, la coiffure est sage, la mèche brune est bien rangée derrière les oreilles, il regarde l'objectif d'un sourire assuré mais sans ostentation. La photo est en noir et blanc, on devine qu'il a les yeux très clairs. Il a l'air presque tranquille. Il porte une chemise à rayures et un veston d'un lainage léger à rayures. Il est élégant. La photo a été prise en 1949 à la rentrée de septembre.

Son père a été assassiné le 2 juin 1949. Il ne sait pas encore.

Ce beau visage d'adolescent apaisé est le masque qu'il portera toute sa vie, celui d'un homme au regard doux et souriant.

Oui, c'est un masque de politesse, pour rassurer, pour se tenir.

Il était pourtant impossible de deviner que son regard, très apaisant, était un masque. Ce regard était lui. Il ne cachait rien. Peut-être parfois une agitation, un énervement passager, ce désir de fuite, de passer d'une femme à l'autre, de posséder, aurait pu laisser comprendre qu'il s'agissait d'un masque qu'il revêtait afin de ne pas nous faire peur.

En 1946, il entre en quatrième au lycée Turgot, sixième d'une classe de quarante élèves. Il se distingue par son excellent comportement, 20 sur 20. 13,92 de moyenne en travail, 11,38 en compositions.

Dans sa classe, les parents sont maroquiniers, fourreurs, ouvriers, sténodactylos, tailleurs. Les élèves se nomment Jacques Wainjberg, Roger Kahane, Jean-Pierre Denis, Dung Tran.

Les dossiers conservent tout, même les mots d'excuse des parents, celui de Gilbert Schneck ne comporte ni absence, ni retenue.

Gilbert prend le métro à Réaumur-Sébastopol, descend à Strasbourg-Saint-Denis, remonte la rue du Faubourg-Saint-Denis, s'arrête devant le marchand de primeurs Chez Francis, la boulangerie, admire la brasserie Julien, les boiseries Art nouveau. Le 3, rue des Petites-Écuries est un immeuble en pierre de Paris de cinq étages. Ils vivent au premier, trois pièces confortables, astiquées, sombres. Eugène travaille dans la salle à manger, sur une longue table de bois. Une armoire contient la vaisselle et le linge de maison que Paulette a réussi à garder depuis Strasbourg.

Sa ménagère, les assiettes peintes avec des fleurs roses, un couple en porcelaine dansant la valse, elle en robe jaune serrée à la taille, jupe en corolle, les cheveux attachés en chignon, l'air ébahi par ce qui lui arrive, lui avec un tricorne, sorte de petit Mozart, les yeux droits devant lui, c'est tout ce qui lui reste de son mariage avec Max.

Le couple en porcelaine est posé sur un buffet aux épaisses torsades de bois foncé et aux serrures dorées.

Rue des Petites-Écuries, Paulette demande que l'on marche sur des patins, se plaint, beaucoup, souvent, prépare des croissants aux noix, des bouillons de poule aux kneidlers, la cuisine est minuscule, Eugène s'exclame :

– Tu arrives à faire des miracles.

Il ne sait pas comment lui faire plaisir. C'est son seul but et il n'y parvient pas.

Elle ne sait plus s'y prendre autrement pour montrer sa reconnaissance. Alors, elle passe des heures, quand elle ne fait pas le ménage, à couper en dés tout ce qu'elle trouve, des carottes, des poireaux, des pommes de terre, de la laitue, les noix hachées à la main, les œufs montent en neige à la fourchette, on entend des sifflements, des bouillonnements, elle note tout dans un cahier bleu, en hongrois ou en allemand.

Dans cette minuscule cuisine, elle se sent bien, elle oublie ses tourments, avec un petit couteau, un poireau en main, son fils si sage et enjoué, Eugène si gentil qui s'occupe de Gilbert comme un père, elle se dit qu'elle est presque heureuse.

Elle rêve un peu, pense à Max, en coupant des lamelles de carotte le plus finement possible, elle pense à Max, à leur mariage, elle se demande toujours, Pourquoi il m'a choisie moi, pourquoi il m'a épousée, il est si beau, elle s'imagine dansant avec lui comme le couple en porcelaine posé sur le buffet, elle chante en hongrois une chanson d'amour, elle n'entend pas le téléphone sonner. Max a fait installer le téléphone, grâce à ses relations.

– Vous êtes la mère du mineur Gilbert Schneck ? Son père a disparu.

Gilbert a seize ans, il doit désormais vivre avec cela. Il n'en parlera jamais, à aucun de ses amis, espérant que la merde qui va suivre s'effacera.

Tenter d'être juste, de retrouver les faits, les dates, les lieux, est le seul moyen de dire, pour mon père, que la honte n'est pas de notre camp.

Gilbert a cru que cette honte resterait enfouie. Elle a explosé, à nouveau, alors qu'il ne s'y attendait pas, en 1981. Il était avec Monique, son amoureuse, en vacances.

– On était sur la plage, l'été 1981, à l'île d'Yeu, me raconte Monique, il a ouvert ce *Paris Match* avec Lady Di et le prince Charles en couverture. Il a fermé le magazine, l'a retourné pour cacher la couverture, il s'est allongé. J'ai senti son corps lâcher, son visage n'avait plus d'expression. Je lui ai demandé ce qu'il avait, il ne m'a pas répondu. Il m'a semblé qu'il s'était endormi. Je suis allée me baigner. J'ai nagé assez loin et puis, tout à coup, j'étais inquiète, je suis revenue le plus vite possible. Quand je suis rentrée, il n'était plus là. Il avait pris sa serviette, le *Paris Match*. Ce n'était pas son genre de lire *Paris Match*. C'est moi qui l'avais acheté. Cet été-là, il avait été très enthousiaste de la découverte de Peter Handke. *La Femme gauchère*. Il avait lu ensuite *Courte lettre pour un long adieu* du même auteur qui l'avait conforté dans l'idée que le mariage était une chose impossible, qu'un amour à deux, une vie à deux ne pouvaient être enserrés dans autant de contraintes sociales, économiques, psychologiques, jamais il ne pourrait se résigner à vivre et à aimer une seule femme tout au long de sa vie. Son sujet de conversation préféré. J'étais essoufflée et, quand j'ai vu qu'il avait disparu, j'ai vraiment paniqué. Peut-être qu'il avait disparu pour de bon ? Qu'il avait rencontré une autre femme sur la plage ? J'avais toujours peur avec lui. Nous étions invités chez des amis. Ils avaient une amie qui lui tournait autour. Je suis rentrée en courant chez eux, mon maillot de bain était mouillé, leur maison était à trois cents mètres de la plage. Une maison blanche. Il ne s'est pas rendu compte que je l'observais. Il était assis sur un fauteuil en rotin, son visage était strié, très rouge, il était courbé, il avait du mal à respirer. Quand il m'a vue, il m'a fait un geste agacé de la main, me demandant de quitter la pièce. J'ai téléphoné aux urgences. Le magazine publiait les bonnes feuilles d'un recueil de faits divers spectaculaires qui s'étaient passés dans des trains. Le premier chapitre avait pour titre « L'increvable monsieur Schneck » et l'on pouvait lire cela : « Max Schneck est un homosexuel vieillissant qui entretient un jeune homme, Simon Mazia. C'est une dispute sur le montant exorbitant de la rente, 60 000 francs mensuels, qui serait à l'origine du meurtre. Le jeune homme homosexuel entretenu [...] était joueur, et toujours démuni, il mendiait des avances, en obtenait parfois, et c'était toujours une histoire pour régulariser les comptes. Du vieil homme à l'éphèbe, la route est toute tracée. Les mœurs et la liaison entre les deux hommes n'étaient pas un secret à Strasbourg. » J'étais effrayée, estomaquée. Il m'a demandé, puisque je suis avocate, de poursuivre l'éditeur du livre. Il n'a jamais voulu m'en dire davantage.

C'était sa première crise cardiaque, il avait quarante ans.

Avant mon voyage pour Strasbourg, j'ai retrouvé un homme que j'avais croisé enfant.

Il m'avait envoyé ce petit mot : « Cela fait 35 ans que je pense à toi. »

Je l'ai fait passer au tribunal intime.

– Nous sommes si différents, que pouvons-nous faire ensemble ?

Il n'avait pas de doute, il m'aimait et il avait tout son temps.

Je n'avais pas confiance, il se laissait faire avec patience. Il avait observé mes mains agitées, mes peurs pour rien, il possède de larges épaules et mes ridicules angoisses l'amusaient.

Je décidai de prendre le risque d'accepter son amour fidèle et entier.

Dans une longue enquête sur son père, juif hongrois, survivant de l'Holocauste, misogyne, autoritaire, manipulateur, despote familial, devenu, après une opération chirurgicale en Thaïlande, une femme, l'essayiste américaine Susan Faludi décrit la communauté juive de Hongrie avant la Première Guerre mondiale. Des juifs persuadés d'être de véritables Magyars, transformant leurs noms, vénérant l'Empire, l'Empereur et sa femme, priant pour la Patrie, s'engageant en masse dans l'armée hongroise pendant la Première Guerre mondiale.

Cette féerie supposée de la condition juive prend fin avec le traité de Trianon qui divise la Hongrie et met fin à la diversité ethnique du pays. Les trois quarts de son territoire lui sont retirés, la Slovaquie, la Croatie, la Slovénie, la Transylvanie ne sont plus hongroises et un tiers des Magyars vivent en dehors de leur pays. En 1920, dans ce climat d'humiliation nationale, sont votées en Hongrie les premières lois antisémites, les quotas dans l'université et au lycée.

On entend à nouveau la rumeur du meurtre rituel, des jeunes femmes chrétiennes tuées pour leur sang par des juifs, rumeur qui encourage le retour des pogroms.

Les pogroms de l'après-guerre sont à l'origine de l'exil de Paulette et de Max.

Et tous se souviennent à nouveau de l'affaire de Tiszaeszlár.

En 1882, une adolescente de quatorze ans disparaît du village de Tiszaeszlár au nord de la Hongrie. Elle vient d'une famille de paysans, elle est chrétienne. Les hommes de la synagogue sont accusés de lui avoir tranché la gorge, ils avaient prétendument besoin de son sang. Le corps intact de la jeune fille est retrouvé deux mois après dans une rivière et l'enquête conclut au suicide.

Entre-temps, la haine antijuive s'est enflammée, des expéditions punitives ont eu lieu dans deux cents villes et villages, un parti antisémite a été créé.

Une nouvelle « littérature » et la presse décrivent l'homme juif comme sans vigueur, pâle, un faible qui a besoin du sang chrétien pour survivre, homosexuel et marié, dépressif, neurasthénique, laid, aux attributs féminins, hystérique, peu musclé, sans virilité, aux pieds plats, sujet aux problèmes de circulation et aux hémorroïdes.

Cette figure du juif hongrois, celle d'un homme efféminé, faible, qui a besoin de sang pour survivre, semble disparaître au début du XXe siècle, puis revient après la Première Guerre mondiale. Les juifs hongrois par leur aspect « pâle » et « dépressif » sont accusés de l'affaiblissement de la nation hongroise.

Max Schneck est présenté en 1949 comme un homme faible et efféminé.

Dans le magazine *Détective*, Max Schneck est décrit ainsi :

– C'est un vieillard dépressif.

– Il est petit, le corps sans muscle.

– Homosexuel, le visage très pâle, le corps coupé en morceaux, débile.

Coupé en morceaux, il saigne comme une femme.

On lui attache l'image débilitante de ceux qui avaient été accusés de tuer une adolescente de quatorze ans pour sucer son sang.

L'historien Jean-Marc Dreyfus m'a raconté que les circonstances de l'assassinat de Max Schneck avaient suscité des inscriptions antisémites sur les murs de Strasbourg sur ce juif si peu viril et saignant comme une femme.

Max Schneck n'est pas la victime, il redevient la figure dégoûtante, ensanglantée que l'on doit rejeter.

Et son fils de seize ans en porte tout la honte.

Gilbert devient le fils d'une marionnette faible et malfaisante. Que faudrait-il cacher et taire qu'il ne cache et ne tait pas déjà ? Le 3 septembre 1949, il propose à son amie Ariane d'aller visiter la cathédrale de Chartres. Elle n'en revient pas. Il paiera les deux tickets de train, ils feront l'aller-retour dans la journée pour admirer une « splendeur de l'histoire de France ». Il voulait voir les vitraux dont un professeur de philosophie avait décrit le bleu ardent. Deux d'entre eux évoquaient des métiers, des charpentiers, des menuisiers. Il aimait que des gens simples, des artisans, figurent ainsi dans la cathédrale au même titre que Charlemagne ou Jésus, que le bleu si vif des vitraux ait traversé, sans faner, dix siècles.

Dans le train de l'aller, il ne parlait que de cela, du bleu des vitraux, et aussi des sculptures du tympan de droite. Sur les voussures figuraient les sept arts libéraux, chacun étant accompagné d'un personnage l'ayant illustré : Pythagore pour la Musique,

Archimède pour la Géométrie, Socrate pour la Philosophie, Ptolémée pour l'Astronomie, Chilon pour la Grammaire.

Ariane savait pour Max. Elle n'osait l'interroger. Elle l'écoutait. Elle n'en revenait pas de passer une journée aussi agréable. Elle avait dix-sept ans et elle avait conscience que cette visite avec Gilbert à la cathédrale de Chartres le 3 septembre 1949, elle s'en souviendrait toute sa vie.

Gilbert répéterait à ses enfants, Il faut vous créer de bons souvenirs.

Le bleu ardent des vitraux de la cathédrale de Chartres traversé par le soleil d'une journée de septembre était sa seule possible et belle revanche.

De ces quelques jours passés à Strasbourg pour tenter de retrouver Max, le père de Gilbert, je ne perçois d'abord que les vides.

Une des ambitions de Max était de laisser le moins de traces possible.

C'est un signe minuscule, mais, entre 1930 et 1949, Max Schneck est mentionné une seule fois, en 1938, dans les éditions de l'annuaire des Postes et Télécommunications de Strasbourg :

– Max Schneck, brocanteur

Rue du Vieil Hôpital, 29

Domicile, avenue Paul-Déroulède, 3

Au 29, rue du Vieil-Hôpital a été construit un immeuble moderne.

Le 3, avenue Paul-Déroulède est un bel immeuble 1900 situé à côté du parc de l'Orangerie. Paulette aimait décrire l'appartement où ils vivaient avant la guerre. Il ressemblait à celui de la rue du

Val-de-Grâce où j'ai grandi, de grandes pièces avec un parquet, des moulures, des cheminées en marbre.

Enfant, je passais des heures à lire les annuaires sans savoir ce que je cherchais. Je parcourais des listes de noms, des listes d'adresses, nous étions les seuls Schneck de Paris. Je cherchais sans savoir quoi, j'espérais qu'à travers ces lignes de noms, d'adresses, un familier me fasse un signe discret, me conforte, je n'étais pas seule.

Les archives ne possèdent pas de dossier de demande de naturalisation au nom de Majer dit Max Schneck.

Il disait à sa femme fièrement :

– Tu es française, notre fils est français et moi, je ne suis rien.

Il ne demande pas la nationalité française.

Pendant la guerre, son nom n'apparaît que trois fois dans les listes établies par la préfecture et la gendarmerie.

En 1945, il retrouve, à Strasbourg, l'appartement de l'avenue Paul-Déroulède, le commerce de brocante du 29, rue du Vieil-Hôpital vidé par les mesures d'aryanisation.

Il ne possède plus rien et ne demande rien.

Les demandes de restitution et réparation conservées aux archives départementales du Bas-Rhin passent de Schmitt à Schneider. Pas de Majer Schneck dans les listes de propriétaires de biens à restituer.

Les seules preuves écrites officielles de son existence sont l'acte de mariage, l'acte de naissance de son fils, une mention dans l'annuaire de 1938, deux dans les listes de la préfecture de Dordogne, un jugement de divorce en 1942 et son certificat de décès tel qu'il est inscrit à l'état civil de la mairie de Strasbourg :

– Le premier juin 1949 entre 12 et 13 heures est décédé, 20 rue de la Ire Armée, Majer Schneck, domicilié à Strasbourg, 5 rue de l'Outre, né à Sanok (Pologne), le 16 mai mil neuf cent deux, brocanteur, fils de Leiser Schneck et de Ruchla Leiba, époux divorcé de Paula Hercovitz.

Ces lignes permettent de déduire plusieurs faits.

Le 20, rue de la Première-Armée est le domicile de Simon Mazia. Max n'a pas été tué selon une des versions romantiques de la presse « à minuit dans la forêt de Saverne, il se réveille des coups donnés et effraye Mazia qui s'empare du pistolet caché dans la boîte à gants et le tue ». Il a été tué entre 12 et 13 heures chez Simon Mazia.

– Domicilié à Strasbourg, 5 rue de l'Outre.

Au 5, passage de l'Outre, une petite rue qui donne sur la place Kléber, dans le centre, et où il vit entre 1945 et 1949, son nom n'est pas mentionné dans les annuaires téléphoniques.

L'année 1948, on retrouve :

– 1, Eugénie Felix, coiffeuse pour dames, et 1a, son mari, épicier.

4, Ritt Charles, primeurs, Huber Paul, barman, Roger Willy, garçon de restaurant, Roth Albert, magasinier.

5, Wulleumier Richard, agent d'assurances, Freyras Laure, institutrice, Hochard Jean, inspecteur, Maeder Madeleine, Dombrowski Joseph, peintre.

6-8, Charcuterie fine, Édouard Keyer.

10, Le restaurant Crocodile (*qui existe toujours et qui est une adresse gastronomique de la ville*).

12, Boulangerie (*qui est aujourd'hui une pâtisserie réputée où j'ai acheté des sablés à la cannelle identiques à ceux que préparait Paulette pour l'homme aux larges épaules afin qu'il connaisse le goût de ma famille, un goût de cannelle*).

Je cite tous ces noms, Eugénie Felix, Charles Ritt, Richard Wulleumier, Laure Freyras, Jean Hochard, Madeleine Maeder, Joseph Dombrowski, Édouard Keyer, le boulanger Gustave Amos, ces inconnus qui ont salué Max Schneck deux fois par jour ou jamais, qui l'ont croisé, lui ont parlé ou non, qui se méfiaient de lui ou l'affectionnaient, qui, à sa mort, se sont exclamés, leur voisin dans tous les journaux de France, leur voisin célèbre.

Ils étaient les voisins de cet homme mince, aux yeux bleus, cet homme dont le nom ne s'imprime nulle part.

Max est brocanteur. Moins bien qu'un antiquaire, du latin *antiquarius*, « qui aime l'Antiquité », il vend et achète des objets d'occasion et je pense aux accumulations de mon père. Un moulin à café, une louche en bois peinte d'un coucher de soleil, un bas-relief roman figurant un couple de tisserands aux yeux clos, le mécanisme d'une horloge, une lampe Lalique représentant un bélier, mélange exposé sans hiérarchie sur les plateaux en marbre blanc d'un meuble en fer forgé de boulangerie XIXe dans le vestibule de l'appartement familial.

Selon le Centre national de ressources textuelles et lexicales, l'étymologie du mot brocanteur est obscure, il vient soit du germanique *Brocken* au sens de fragment avec un « cheminement difficile à préciser », soit du néerlandais *brok* qui signifie morceau, « la finale du mot étant elle-même obscure ».

« Une mauvaise compréhension du germanique *anter* lors de l'emprunt, ce qui paraît difficile à admettre étant donné l'accentuation initiale du mot germanique, une influence de marchand est possible. »

L'étymologie du métier de Max Schneck lui ressemble.

Une vie en « morceau à l'origine obscure », un « cheminement difficile à préciser », Max avait des origines incertaines, aux traces effacées dans des pays qui n'existent plus.

Sanok était en 1902 une petite ville du royaume de Galicie appartenant à l'Empire austro-hongrois, à la frontière ukraino-polono-slovaque. Une ville que se disputent la Russie tsariste, l'Empire austro-hongrois puis la Pologne et l'Ukraine.

Est-il polonais ? ukrainien ? hongrois ? Où a-t-il disparu pendant la guerre ? Était-il à Périgueux ? Ailleurs ? Avec qui trafiquait-il ses dollars et ses marks ? Comment a-t-il réussi à faire disparaître son nom des listes de juifs étrangers à arrêter ? Comment a-t-il échappé à la convocation au camp de travaux forcés de Mauzac d'où il aurait pu être déporté vers Drancy puis plus à l'est ? Comment est-il devenu ami avec Simon Mazia qui, lui, était résistant ?

Le seul héros qui lui ressemble est celui inventé par Gérard de Villiers dans *Le Disparu des Canaries.* Il est britannique, se nomme Rupert Sheffield, connu aussi sous son nom d'espion, James Cronin, il est né Lazar Abramovitch à Sanok, « fils aîné d'une famille de juifs orthodoxes comptant sept enfants, établie depuis des générations dans le petit village de Sanok, à l'ombre des Carpates, dans une zone mal définie entre la Pologne et l'Ukraine. [...] Il s'était enfui à cause des pogroms, il n'avait connu que la misère. Il se nourrissait de pommes de terre toute la semaine, attendant le Shabbat pour découvrir le goût de la viande et du gefilte fisch. [...] Lazar Abramovitch n'avait qu'un atout : il parlait huit langues, du yiddish au russe en passant par le polonais ou le hongrois et même l'hébreu ».

J'ai du mal à croire que Gérard de Villiers ne connaissait pas Max Schneck, il le décrit si bien.

L'acte de décès a été dressé le 24 juin 1949 à 10 h 30.

Soit vingt-trois jours après sa mort.

Pendant combien de temps Gilbert n'a-t-il pas su ce qu'était devenu son père ?

Sa disparition a été constatée le 1er juin, l'acte de décès dressé le 24 juin, le corps a été retrouvé le 17 juin.

Mon père est mort à cinquante-huit ans, le 17 juin 1990, après avoir passé une année scolaire à l'hôpital, ne pouvant plus respirer, compressé par la gêne, épuisé et pourtant il lisait.

Il lisait le journal d'Henri-Pierre Roché, le livre était lourd, la couverture rouge, ma mère l'avait coupé en deux pour que mon père puisse le porter dans ses mains si fatiguées et lire plus aisément.

Henri-Pierre Roché était l'homme dont François Truffaut s'était inspiré pour réaliser le film *Jules et Jim*. Jules était l'Allemand Franz Hessel, Jim était le Français Henri-Pierre Roché.

Deux hommes amoureux de la même femme, sans jalousie.

Jim était le prénom que mon père aurait choisi si j'avais été un garçon tant le film et le personnage lui avaient plu.

Henri-Pierre Roché, Jim, était un fascinant voyageur, collectionneur d'art et de femmes, ayant expérimenté toutes les variations les plus perverses de la relation amoureuse. Échangeant ses femmes, mentant sur ses sentiments, théoricien de l'infidélité, voilà le modèle masculin que mon père m'avait proposé et dont j'ai mis une vingtaine d'années à me débarrasser.

L'homme que je venais de rencontrer ne parut pas effrayé par ce modèle, mais il ne le comprenait pas. Tout cela était si loin de lui. L'infidélité, la fuite, le silence, il s'opposait tranquillement à mon père.

Pour la première fois, quelqu'un montrait qu'il était possible, bon et heureux, d'aimer autrement.

Gilbert, lui, était fasciné par Jim, et sur son lit de mort il tentait toujours de comprendre :

– Comment fait-on avec les femmes ?

La réponse était pourtant là, devant lui. Hélène, sa femme, le soutenant pour qu'il puisse lire ce journal d'Henri-Pierre Roché, ne voyant pas combien son amour à elle pour lui était absolu, qu'il n'y avait rien à comprendre qu'il ne possédât déjà.

Gilbert a seize ans, l'âge de mon fils aujourd'hui, il s'endort, se réveille, boit un café au lait, descend la rue du Faubourg-Saint-Denis jusqu'à la station de métro Strasbourg-Saint-Denis, sort à Turbigo, entre au lycée Turgot, se met dans le rang parmi ses camarades, s'assoit, écoute ses professeurs, écrit sa leçon, cherche une place à l'ombre sous le préau à l'heure de la récréation, il fait très chaud en juin 1949, il prépare la première partie de son baccalauréat. Son père a disparu.

Il se couche. Son père a disparu. Il se réveille. Son père a disparu. Il est dans le wagon de métro. Son père a disparu. Il est en rang parmi ses camarades. Son père a disparu. Il vit ainsi jusqu'au 17 juin. Et, le 17 juin, cette pensée qui se répète, se transforme, alors qu'il imagine parfois son retour d'un voyage avec une jeune femme comme Max avait l'habitude de le faire à l'Est, en Bohême ou en Moravie, pour trouver des marchandises, espérant, car la situation ne peut être plus grave que les années de Périgueux dans sa jeune vie, il y a eu assez de malheurs et après la guerre c'est une nouvelle vie qui doit commencer.

Oui, il y a pire.

Le 17 juin, la disparition de son père devient un fait divers national. Pourquoi lui ? On ne le sait pas, c'est ainsi. Pourquoi lui, et non la jeune fille anglaise qui disparaît le même jour ?

Son père, l'homme qui le bombardait de coussins à Strasbourg dans son lit d'enfant, l'homme qui refusait que sa mère le gronde car il avait mis une horloge en morceaux pour en saisir le mécanisme et qui avait chuchoté en hongrois à Paulette, pour qu'il ne comprenne pas : C'est un signe d'intelligence, son père qui disparaissait et qui revenait toujours, son père qui lui avait expliqué, à quinze ans, comment on faisait l'amour avec une fille, lui toucher les seins, descendre doucement, caresser le ventre et les cuisses, et il s'émerveillait à l'idée qu'un jour, il pourrait toucher les seins d'une fille, se demandait s'il oserait, si une fille le laisserait atteindre un tel trésor, son père, qui avait ri de son inquiétude, n'était plus que des restes dans deux valises à la consigne de la gare d'Austerlitz, comme le criait le vendeur de *France-Soir* à l'entrée de la station de métro Strasbourg-Saint-Denis. Il tentait de se concentrer sur les souvenirs avec son père, le corps en entier. La dernière fois qu'ils s'étaient vus, Max était venu dîner rue des Petites-Écuries pour Pessah. Il était entré dans le petit appartement, et soudain tout avait paru bien plus vivant, les absents, le petit Moïse, le bel Hugo, prenant moins de place, le bouillon aux kneidlers de Paulette était « le meilleur du monde », Paulette « la meilleure femme qu'un homme puisse épouser » et lui, son fils, « le meilleur fils du monde ».

Deux heures ainsi de compliments, d'inconvenantes blagues juives :

– À l'enterrement du très riche Kaufmann, un homme pauvre pleure et on l'entend dans tout le cimetière. Vous étiez de la famille du défunt ? Oh non. Et il pleure encore plus fort. Mais alors, pourquoi pleurez-vous ? C'est justement pour ça !

Papi Eugène était le seul à ne pas rire.

Max louait à Strasbourg deux petites pièces rue de l'Outre qu'il avait meublées d'un grand lit en citronnier recouvert d'un brocart bleu nuit assorti aux rideaux, une table de chevet à gauche, il n'avait pas pensé à trouver un appui pour le côté droit.

Quand son fils venait passer une semaine de vacances, cela était arrivé deux fois depuis le divorce, Gilbert dormait sur une méridienne drapée d'un tapis d'Orient aux rouges violents.

Un placard cachait ce qui lui servait de cuisine. Max prenait tous ses repas dehors. Il restait rarement seul chez lui, ne lisait pas, n'écoutait pas la radio.

Quand le goudron de la dépression était trop fort, qu'il ne pouvait plus bouger, il s'allongeait sur son lit, attendant que la mort vienne enfin le délivrer.

Il ne s'agissait depuis sa naissance que de fuir. Il ne savait pas faire autrement.

Avec les femmes, il fuyait quand ce n'était pas elles qui s'échappaient. Muriel, Jeanne, Nicole, Paulette. Pendant les dix années de leur mariage, il avait eu le sentiment d'étouffer. Pourtant, il ne voulait pas divorcer, il avait tenté de convaincre Paulette de renoncer à ce divorce, elle s'était entêtée, pleurant et criant qu'elle était trop malheureuse de ses infidélités, comme si cela avait de l'importance.

Dans le jugement de divorce d'avril 1942, il est attendu que :

1. Schneck mène une vie de paresse, refusant de travailler et faisant des dépenses exagérées dans des cafés.

2. Qu'il a de nombreuses maîtresses et qu'il s'affiche avec des jeunes filles qu'il n'hésite pas à amener au domicile conjugal.

3. Que d'un caractère difficile, il faisait à sa femme des scènes fréquentes au cours desquelles il la traitait grossièrement.

Max il avait perdu son fils et se demandait souvent comment lui, si nerveux, agité, colérique avait pu avoir un fils aussi doux et tendre que Gilbert. L'argent qu'il gagnait, il le donnait aux filles de passage, à ses amis, le dépensait en tournées de bars, incapable de mettre un sou de côté. Il fuyait comme il avait fui toutes ces années de guerre.

Il avait cette habileté sociale de se rendre invisible et indispensable, de fondre partout, trafiquant des devises avec les Allemands comme les Anglais et les Américains.

Pendant la guerre, avec sa fausse carte d'identité au nom de Max Champier, il était monté à Clichy, il avait des relations, des Roumains, des Polonais, des types qui croyaient davantage à la négligence qu'à la chance, que, pour s'en sortir et gagner de l'argent, il fallait ne laisser aucune trace. On s'estimait sur parole. Jamais rien d'écrit. Toute sa richesse tenait dans une valise, des bijoux, de l'argent. Il fallait être toujours capable de s'échapper. Il travaillait pour M. Joseph. Pas de nom de famille. Pas de passé. On n'était plus juif, même si parfois dans la conversation, en roumain, en français, s'échappait du yiddish. Il n'y avait pas de bons ou de méchants, de nazis, de collabos, de juifs, de résistants, tout ce qui comptait, c'était la vie sauve et de l'argent. On pouvait si facilement basculer du mauvais côté. Dormir dans une baraque, être arrêté puis relâché, se retrouver sur une liste de la Gestapo, puis celle qui permettait d'entrer au Cha Cha pour boire du champagne et trinquer en allemand, il suffisait d'un rien. M. Joseph savait qu'il avait une femme et un fils à Périgueux. Il n'avait pas eu besoin d'en dire plus. Dans son entourage, il n'était pas le seul à venir de Sanok. Le fils d'un rabbin travaillait aussi pour le ferrailleur. On ne devait rien à personne. Pas de dette, pas d'honneur, pas de morale, ils étaient libres.

Il avait ouvert une brocante, achetait et vendait des meubles et de la porcelaine, derrière le comptoir il échangeait des devises, avait des contacts un peu partout. Simon Mazia, le plus jeune du réseau, qui disait être né en 1926 à Bucarest, était le chouchou de M. Joseph. Il lui rendait de petits services, très beau garçon, il se faufilait à droite à gauche. C'est M. Joseph qui lui avait conseillé de rejoindre le maquis en Haute-Garonne :

– Il faut toujours être du côté des vainqueurs.

Max avait demandé à Simon d'en profiter pour s'assurer que son fils était entre de bonnes mains. Mais pourquoi n'avait-il pas, lui aussi, suivi le conseil de M. Joseph ? Se retrouver du côté des vainqueurs ?

Il n'en voyait pas l'intérêt, il ne voulait pas qu'on parle de lui, c'était sa seule manie.

À la Libération, tout ce réseau de vendeurs et d'acheteurs de tout ce qui peut s'acheter et se vendre, Roumains, Polonais, apatrides, Allemands, Anglais, Américains, avait disparu. Beaucoup avaient émigré aux États-Unis, en Argentine, au Brésil. Max était resté à cause de son fils. Il avait retrouvé Simon à Strasbourg, travaillant désormais dans la bijouterie de sa mère, elle aussi une vieille connaissance. Il n'arrivait pas à se souvenir s'il avait couché avec elle avant ou après son mariage avec Paulette. De toute façon, la question ne se posait plus, bien trop vieille, bien trop grosse.

Est-ce que Simon l'avait su ?

Simon en demandait toujours plus, comme s'il était en dette permanente.

Et pour une raison mystérieuse, il avait fini par croire qu'il devait à Simon de ne pas avoir été arrêté pendant la guerre puis inquiété après la guerre.

Grâce à ses six mois passés au maquis, Simon avait des amis au commissariat, il monnayait cher des passe-droits qui permettaient à Max d'échapper au contrôle des changes.

Max payait.

Cette histoire de violon, prétendument un violon de grand prix, qu'il fallait qu'il achète, en urgence, cinquante mille francs et qui, tout à coup, s'était retrouvé sur une liste d'objets volés dans un château après une enquête du commissariat de Strasbourg, cela sentait l'arnaque.

Ce qui avait rendu Max fou, c'était quand Simon s'était rapproché de Jeanne.

Cette fois c'était différent.

Jeanne avait dix-neuf ans, elle travaillait depuis ses quatorze ans dans une maison close à Saverne.

Elle n'avait pas cherché à le séduire. Elle ne souriait jamais. De ses petits yeux noirs, elle le regardait se déshabiller. Il était intimidé. Elle se laissait faire. Elle avait des seins minuscules et s'en plaignait. Elle portait un peignoir de coton rose, il était taché, le sang de son nez avait coulé sur une des manches, la tache avait séché, il distinguait des éclaboussures plus anciennes. Il osait à peine les toucher, tant elle lui semblait fragile. Tout chez elle était si délicat. Une fois, elle avait saigné du nez, elle s'était excusée, il en avait été bouleversé, lui avait offert son mouchoir. Elle l'avait remercié et il avait souri, c'était la première fois.

Elle avait des cheveux très longs qui lui rappelaient ceux de Paulette quand il l'avait croisée dans le tramway la tête penchée sur les photos de l'acteur Ivan Mosjoukine.

On ne lui voyait d'abord que ces cheveux bruns. Elle se coiffait de la même manière démodée que la mère de son fils, d'une natte qu'elle relevait en chignon haut sur le sommet du crâne. Elle l'avait laissé lui défaire son chignon, comme il le faisait avec Paulette, la coiffant, elle debout, lui donnant de longs coups de brosse, il avait retiré les épingles une à une de la chevelure de Jeanne, les mèches tombaient les unes après les autres, à peine défaites s'enroulant l'une sur l'autre, il était amoureux.

Il tentait de l'interroger sur son passé, comment elle s'était retrouvée à quatorze ans à travailler ici. Ce n'était pourtant pas difficile de le deviner. Sa mère se prostituait. Les hommes ? Allemands ou alliés, c'étaient les mêmes.

Elle se servait de ses longs cheveux pour dissimuler ce qu'elle pouvait de son corps. Elle avait les mêmes rêves que toutes les filles de son âge, un mari, des bébés, plein de bébés, un ménage. Max se mettait à rêver avec elle, ce n'était pas trop tard, ni pour elle, ni pour lui. La différence d'âge ? Quand il était avec elle, il l'oubliait.

Il lui offrit un peignoir neuf, en soie rose saumon, des boucles d'oreilles en or auxquelles étaient accrochés des éclats de brillants, une boîte recouverte de paille tressée.

Max négocia avec Mme Thérèse. Son prix était le sien. Elle se plaignait beaucoup de Jeanne. Sa mère lui avait vendu une fillette vierge, figurez-vous qu'elle ne l'était pas, à quatorze ans, une traînée, le client s'était plaint, Jeanne mentait, elle disait avoir perdu sa virginité de manière accidentelle, en tombant sur une chaise.

Aujourd'hui, elle plaisait enfin aux clients, c'était à n'y rien comprendre, elle ne souriait jamais, ne faisait aucun effort. C'est justement cela qui était si séduisant chez elle, répliqua Max.

Jeanne vivrait chez lui, il l'épouserait et lui ferait un enfant.

Mme Thérèse haussa les épaules, il n'était pas le premier à tomber dans le panneau. Toutes les filles étaient prêtes à tout pour cela et une fois dehors regrettaient la vie entre filles. Les rigolades pour rien, les repas de tartines de confiture, le café au lait le soir, le mousseux dès le matin, l'absence de règles, ne pas avoir à s'habiller, traîner au lit, ne pas avoir à faire le ménage. Elles s'amusaient à jouer les épouses parfaites quelques semaines, elles s'ennuyaient vite seules à la maison, leurs anciens clients devenus d'ennuyeux époux, le ménage à faire, les repas à préparer. Quelle barbe. Combien de temps Jeanne allait-elle tenir dans les deux pièces de la rue de l'Outre ?

Max était jaloux, dépressif, vieux, se plaignait.

Oui, elle ne sait pas cuisiner, il ne parle pas de croissants aux noix ni de harengs marinés, il n'exige rien, mais même une omelette aux pommes de terre, elle est incapable de la réussir. Quant à s'occuper de ses chemises, faire un lit, épousseter les meubles, en deux jours de cohabitation il a compris qu'il n'était pas nécessaire d'espérer. Il lui citait en exemple Paulette. Elle n'écoutait rien, bâillait.

Dès qu'il était au magasin de la place de la Grande-Boucherie, elle s'échappait pour retrouver Simon.

Il avait son âge, il était beau et Simon était un héros, un résistant, pas comme toi, un juif, un planqué. Elle insistait sur ce mot, un HÉROS, un type qui s'était bien comporté, pas comme toi, comme si cela avait de l'importance, comme si cela était différent, une idiote dont il était très amoureux et qui ne connaissait rien des hommes.

N'empêche qu'il était rentré un soir et qu'elle n'était plus là.

Il savait qu'elle était chez Simon. Il fit ses comptes, tout ce que lui devait cet imbécile. Les chandeliers en argent XIXe que Simon devait soi-disant vendre et dont il ne devait garder qu'une commission, le lot de verres de cristal qui plaisait tant à la femme du commissaire, les quatre-vingt mille francs qu'il lui avait empruntés. Il nota tout sur son carnet.

Sa Wolseley 10, la voiture dont il était si fier, son tableau de bord en noisetier, sa couleur gris argenté, combien de fois il avait refusé à Simon qu'il la lui prenne. Il ne savait pas conduire. C'est la seule chose qu'il avait refusée à Simon, de toute manière il se servait chez lui sans demander l'autorisation et maintenant il lui volait sa femme.

Cela faisait plusieurs semaines qu'il était obsédé par Jeanne, par cette histoire d'argent, par les vols de Simon, il avait oublié Gilbert et Paulette. Il ne les avait pas vus depuis Pessah à Paris, deux mois auparavant. Il n'avait pas téléphoné comme promis.

Il avait pourtant fait installer le téléphone rue des Petites-Écuries, encore un des avantages de ses relations auprès de M. Joseph.

C'était pour qu'il puisse téléphoner à son fils tous les quinze jours, le vendredi avant le début de shabbat.

Il va régler son histoire avec Simon et puis il téléphonera, mieux, il prendra le premier train pour Paris et leur fera la surprise de sa visite. Il pourrait offrir à Paulette un bouquet de roses. Oui, cela lui ferait tant plaisir. Et puis non, non c'est une mauvaise idée. Eugène en prendrait ombrage.

Les roses le ramènent à Jeanne et à sa fureur. Simon qui nie tout. Il est enragé. Il donne le premier coup, un seul. Il pense à Jenska, un flocon de neige fond sur sa poitrine, il reçoit un coup, puis un deuxième. Il coule.

Il avait été facile de découvrir que Max n'avait pas été coupé en morceaux par Simon, il m'avait suffi de lire les comptes rendus du procès pour assassinat qui s'était tenu à la cour d'assises du Bas-Rhin en juin 1950.

J'étais allée voir Paulette comme je le faisais tous les samedis.

Dans nos conversations, nous n'évoquions jamais la fin de Max.

Un jour, j'étais prête et je lui ai demandé :

– Sais-tu comment est mort Max ?

– C'est bizarre que tu me poses cette question. Cette nuit, j'ai rêvé de l'assassin. J'ai rêvé qu'il portait une valise. Du sang coulait. Il avait un énorme couteau de boucher, couvert de sang. Je me suis levée et je suis allée chercher ce couteau à côté de l'évier. Cela fait combien de temps, cette histoire ? Dix ans ?

– Cinquante ans. Il n'y a jamais eu de sang qui dégouline d'une valise, ni de grand couteau. Il a été tué d'un coup de pistolet. La presse racontait n'importe quoi. Tu lisais les journaux ?

– Dans mon rêve, il y avait ce titre, le journal s'appelait *L'Information*. Le titre en grosses lettres rouges en relief : L'ASSASSIN PORTAIT LA VALISE DÉGOULINANTE DE SANG. J'étais en colère, c'était injuste. Les journaux se trompaient.

– Qu'est-ce qui était faux ?

– Je ne me souviens pas. J'étais en colère.

– Tu peux être en colère. Tout était faux.

– Après cinquante ans, je ne me souviens que de mes rêves. Tout revient, ce sont les neurones qui travaillent, mais en rêve. Je ne fais que rêver de lui et de l'assassin. Il était au tribunal et traînait avec lui la valise qui dégoulinait de sang.

– Il n'y a pas eu de valises sanglantes. Elles n'ont jamais existé, ces valises sanglantes.

– C'est bien.

– Tu te souviens de son avocat, Me Weil ?

– Ah oui, Me Weil, il était très bien, il a très bien défendu ton grand-père. Il disait, Si son ancienne femme le défend, c'est une preuve qu'il était honnête. Il disait de belles choses de lui. Si les femmes couraient après lui c'est qu'il était bel homme.

Elle s'arrête, se concentre et interroge :

– Ses petits-enfants savent qu'il était honnête ? Vous n'avez pas honte de lui ?

– Nous n'avons pas honte.

– Alors c'est bien. Il n'y a pas eu de sang qui dégouline d'une valise ?

– Non, il n'y a jamais eu de sang dégoulinant d'une valise. Il a été tué d'une balle de pistolet.

– Alors, c'est bien. C'est quand même incroyable ces neurones. Tu me poses ces questions et je rêve de lui. Et ce couteau taché de sang posé sur mon évier.

– Il n'y a pas eu de couteau.

– Tu te souviens quand tu as témoigné au tribunal ?

– Oui, j'ai pris le train.

– Tu étais avec ton mari ? Papa ?

– J'y suis allée seule. Mon mari ne comprenait pas pourquoi je le défendais. Il ne voulait pas que je voie Max, que Gilbert voie son père. Quand je l'ai épousé, Max lui a dit, Vous avez de la chance d'être l'époux de cette femme.

– Tu sais pourquoi Max a été tué ?

– C'est une histoire d'argent. L'assassin lui devait de l'argent. Max était riche, il avait caché des dollars dans des tuyaux chez lui. On n'a jamais retrouvé cet argent. Je l'ai dit au tribunal, il était honnête. Il a acheté un violon et a appris par la suite que ce violon avait été volé. Il a fait trois kilomètres avec sa voiture pour le rendre au vendeur et a perdu la somme.

La semaine suivante, j'ai encore interrogé Paulette.

Faisait-elle toujours des cauchemars avec des lettres de sang et des couteaux dans son évier ?

– Non, m'a-t-elle répondu. Les cauchemars sont partis.

Elle a répété cette question :

– Tu n'as pas honte de lui ?

– Non, je n'ai pas honte de lui.

– Il faut que tu saches que ton grand-père paternel était un homme intelligent, un homme d'affaires à succès, qui aidait souvent ses amis dans le besoin.

– Je le sais.

Depuis 2005, année où j'ai commencé à enquêter sur mon grand-père Max Schneck et persévéré à demander à l'État une copie du dossier judiciaire du procès de son assassin, j'imagine toujours un homme blanc entre cinquante et soixante ans, qui me répond.

J'étais, alors, innocente, je pensais que connaître la vérité serait bien pour ma grand-mère, ma famille, la mémoire de mon père, et que tout le monde serait d'accord avec moi, m'encouragerait, m'applaudirait même.

Cour d'assises du Bas-Rhin, quai Finkmatt, Strasbourg

Le 2 mai 2005,
Mademoiselle,
J'ai le regret de vous informer que le dossier judiciaire du procès Schneck/Mazia jugé le 16 mai 1950 par la Cour d'Assises de Strasbourg ne se trouve plus

dans les archives du tribunal. Renseignement pris, il apparaît qu'un certain nombre d'anciens dossiers ont été transmis aux archives départementales. Je n'ai aucun moyen de vérifier si ce dossier leur a bien été transmis, ils sont apparemment enregistrés sur des numéros de dossier sans mention des noms.

En espérant que vous aboutirez dans vos demandes, je vous prie de recevoir, Mademoiselle, mes meilleures salutations.

En 2005, on m'affirme que le dossier est perdu, je le crois. Je me dis, Les pauvres, ils ne sont pas toujours bien organisés.

J'interroge un cousin de mon père, professeur de droit, ancien doyen d'université. En 1949, alors étudiant en droit, il a assisté au procès de l'assassin du père de son cousin.

Un homme montré en exemple pour sa droiture.

Je me souviens enfant de dimanches passés dans le jardin de sa maison en banlieue parisienne, de son regard sur la beauté délicate de ma mère.

Il lui était incompréhensible que son cousin, Gilbert, si peu sérieux, qui menait une vie sans principes moraux, qui a tout gâché, avec cette envie stupide de vivre et d'être heureux, ait pu épouser Hélène Apatchevsky dite Pachet, ses yeux vert et or, son nez minuscule, ses poignets que l'on pouvait enserrer avec deux doigts, son humour désespéré.

Quand je l'interroge en 2005 sur le procès de l'assassin de mon grand-père, il me répond :

– Je ne me souviens de rien.

Avec l'aide de Paulette, d'amis de mon père, et des comptes rendus des correspondants de presse ayant assisté au procès de Simon Mazia en mai 1950, je reconstitue partiellement ce qui s'est passé. J'écris un livre qui est publié en 2006.

Une semaine après sa parution, je reçois ce commentaire :

– Tes parents, là où ils sont, ont certainement honte de toi, de ce livre.

Aujourd'hui, dix ans après, je te le dis si jamais tu me lis, j'étais une jeune femme qui écrivait ce premier livre pour comprendre combien son père avait souffert du jugement moral de gens comme toi, un père homosexuel, un père un peu trafiquant, un père aux amitiés douteuses, un père coupé en morceaux, et toi professeur de droit, toi qui juges cette jeune femme, sais-tu que les morts ne parlent pas ? Qu'on ne peut les faire parler de là où ils sont ?

Je sais cela, car, pendant vingt-cinq ans, j'ai attendu que mon père me console et me défende. En vain.

Et comme j'ai appris la miséricorde auprès d'hommes et de femmes qui n'avaient pas ton sens moral, qui couchaient à droite à gauche, qui étaient libres, si tu lis ces lignes et si tu me demandes pardon, je t'accorderai mon pardon d'avoir fait parler mes parents morts.

Dix ans après la publication de ce premier petit livre, je suis devenue amie avec un homme qui n'a pas plus de morale que moi. Il s'appelle Nan, il a fait dix ans de prison pour cambriolage, il est écrivain, il a des amis flics et des amis voyous. Il me raconte des histoires qui m'enchantent. Comment on organise des castings pour les cambriolages. On distribue la veille des téléphones portables et, le matin du jour J, on attend que son téléphone sonne. On est pris ou on n'est pas pris. Un de ses copains n'est pas pris, il a attendu derrière son téléphone toute la matinée. Il est furieux.

Nan a un autre copain qui est retraité du Quai des Orfèvres. Je lui demande s'il peut m'aider à trouver des informations sur un fait divers qui date de 1949 et qui m'obsède.

Il m'apprend que le dossier judiciaire n'est pas perdu :

– Il est en communication réservée suite à une demande d'une descendante de Majer Schneck.

Quand j'ai fait la demande en 2005, le dossier a été bloqué « par prudence ».

Cette histoire de dossiers transmis aux archives départementales, apparemment enregistrés sans mention des noms, est un mensonge.

Dix ans après, je m'adresse au président des Archives départementales du Bas-Rhin, je suis l'auteur de plusieurs livres publiés sur mon histoire familiale, j'ai pris un peu d'assurance.

J'ai rempli le formulaire de demande sur le site des archives, il m'a été rapidement adressé un courrier avec les cotes du dossier judiciaire et de celui de procédure concernant l'enquête sur l'assassinat de Max Schneck. Il m'est précisé que ces dossiers étant soumis à la règle de communication de soixante-quinze ans, il est nécessaire que je présente une demande détaillée expliquant pourquoi j'ai besoin de les lire.

J'ai alors rédigé une lettre un peu grandiloquente et prétentieuse sur la nécessité littéraire d'être au plus juste des faits, de réparer avec mes mots les blessures faites à mon père, à ma famille.

Et j'ai attendu patiemment deux mois, certaine de mon autorité, certaine que là-bas, à Strasbourg, on serait impressionné par mes arguments.

J'étais particulièrement fière d'avoir aussi ajouté à leur demande : « Je soussigné(e) Colombe Schneck m'engage formellement à veiller à ce que l'usage que je pourrais faire des informations contenues dans les documents que je vais consulter par dérogation ne porte pas atteinte à des droits ou des intérêts protégés par la loi, notamment à la sûreté de l'État, à l'ordre public, à la sécurité des personnes. »

Cela me plaisait, cette histoire de respect et d'atteinte à la sûreté de l'État, je me sentais engagée, oui, j'allais respecter la sûreté de l'État, les intérêts protégés par la loi, la sécurité des personnes, tout cela me semblait noble, magnifique, j'avais déjà oublié les mensonges d'un monsieur dix ans auparavant, employé à la cour d'assises du Bas-Rhin, un fonctionnaire persuadé de savoir mieux que moi ce qui était bien, ce qui était mal, et pouvoir me le dicter.

Je croyais que tous les hommes étaient comme mon père, tentant de faire le bien autour d'eux.

Gilbert n'y arrivait pas toujours. Sa femme pleurait, ses maîtresses pleuraient, aucune ne lui en voulait de la souffrance qu'il lui causait.

Enfant, je n'avais aucun doute sur l'amour illimité qu'il m'offrait, fière qu'il me soit fidèle, l'amour qu'il me portait n'était pas partagé, il s'additionnait à celui qu'il éprouvait pour mon frère et ma sœur. Après sa mort, j'étais étonnée de ne pas retrouver un amour et une admiration identiques chez les hommes que je fréquentais. Pour leur plaire, je devais me contorsionner, ne pas les effrayer avec mes mille ambitions, alors que lui m'aimait exactement telle que j'étais. Il n'était plus là pour me protéger, me porter, m'aimer, j'acceptais d'être maltraitée. L'infidélité, l'absence n'étaient pas graves, c'était la seule chose que je pensais avoir héritée de mon père.

J'ai mis si longtemps à comprendre qu'il n'avait pas toujours raison, que, si l'amour entier qu'il portait à ses enfants me renforçait, celui divisible qu'il éprouvait pour ses femmes provoquait de nombreuses blessures.

Je me suis assurée, non pas dans le souci de juger, mais dans cette prétention nouvelle et précieuse, de savoir ce qui relève d'une relation juste et ce qui provoque inutilement du mal.

Le 24 mai 2016, la Direction générale des patrimoines m'informait :

J'ai regret de vous faire savoir qu'après avis du service dont émanent les documents, je ne peux vous autoriser à consulter par dérogation l'article conservé sous la cote suivante : 1212W 92 Service régional de la police judiciaire de Strasbourg.

En effet, le chef de la décision du traitement de l'infraction criminelle de la police judiciaire de Strasbourg dont l'accord préalable est requis [...] estime que la communication de ces dossiers serait de nature à porter atteinte aux intérêts protégés par la loi.

Je vous précise toutefois qu'en application de la loi du 15 juillet 2008, il vous est possible de saisir pour avis, dans un délai de deux mois, la Commission d'accès aux documents administratifs.

Je souhaite néanmoins que vos recherches se poursuivent avec succès et vous prie d'agréer, Madame, l'expression de ma considération distinguée.

Passé dix minutes de sidération, j'avais été mal comprise, j'étais tombée sur un type qui n'avait jamais lu un livre de sa vie, un type pressé qui avait la flemme d'aller chercher le dossier, un vieux croûton endormi, j'ai écrit à la Commission d'accès aux documents administratifs, certaine, à nouveau, de ma capacité à convaincre. Je n'allais pas avoir affaire à des employés de la police de Strasbourg ne connaissant rien aux nécessités de la littérature, mais à des hauts magistrats, que j'imaginais lecteurs de Baudelaire.

Paris, le 1er juin 2016
Monsieur le Président,
[…]
Cet accès à ce dossier judiciaire m'est indispensable afin de continuer un travail personnel et littéraire commencé il y a dix ans.

Quand, il y a dix ans, j'avais fait une première demande d'accès à ce dossier afin de comprendre comment était mort mon grand-père, il m'avait été répondu que le dossier avait été perdu.

J'ai donc dû travailler dans un certain flou qui faisait écho au silence familial sur les conditions terrifiantes dans lesquelles mon grand-père a été assassiné. La presse de l'époque en avait fait ses gros titres, gros titres mensongers et racoleurs. Mon grand-père aurait été coupé en morceaux par son amant. […]

Il m'est indispensable d'avoir accès à la vérité judiciaire et ne pas rester dans le mensonge et le silence.

Je relis cette lettre aujourd'hui et j'en mesure la suffisance. J'écris, j'ai tous les droits.

Et c'est ce droit qui est mis en cause dans la lettre de refus que j'ai reçue deux mois après :

La composition d'un nouvel ouvrage met à mal le secret que la loi entend protéger vis-à-vis de la personne inculpée et de ses descendants éventuels.

Le fonctionnaire juge que ce n'est pas une bonne idée que je « compose un nouvel ouvrage » sur l'assassinat de mon grand-père. Il n'utilise pas le verbe *écrire*, mais *composer*, ni le mot *livre*, mais le mot *ouvrage*. Composer, du latin *componere*, placer ensemble, avec l'influence de poser, assembler différents éléments, utiliser afin d'arranger. Dans composer, il n'y a pas une œuvre de création, mais un travail artisanal.

J'ai choisi de désobéir.

En décembre 2016, j'ai pu lire les minutes de l'arrêt de la cour d'assises, un résumé juridique de ce qui s'est passé pendant le procès de Simon Mazia.

À l'encre bleue, d'une écriture anglaise, à l'intérieur d'un dossier cartonné de couleur crème, titré Affaire Sigmund dit Simon Mazia. Homicide volontaire, vol et vol qualifié. 15-16/05/1950.

Le procès-verbal de l'audience établit que le jury était bien réuni, il donne le nom des jurés, des juges, des greffiers, des avocats, Me Weil-Sulzer, pour Gilbert Schneck, mineur représenté par sa mère, Paulette épousée, divorcée, remariée à Eugène Rosenfeld, et Me Merckel pour l'accusé. Il rappelle que les témoins se sont exprimés. Un interprète a assisté Sigmund Mazia, sans préciser la langue dans laquelle Mazia s'est exprimé. Mazia s'est présenté.

Il est né le 12 février 1928 à Bucarest (Roumanie), fils naturel de Mazia Adèle, de profession horloger, demeurant 20, rue de la Première-Armée à Strasbourg.

Cour d'assises du Bas-Rhin, audience du : 16 mai 1950. Accusation contre : Mazia Sigmund dit Simon, les réponses des jurés aux questions posées.

Questions (*à gauche, tapuscrites*) / Réponses (*à droite, encre noire*)

L'accusé Mazia Sigmund dit Simon est-il coupable d'avoir à Strasbourg le 1er juin 1949 frauduleusement soustrait une montre-bracelet, une somme de 9 000 francs environ (*soit 20 euros*), une chevalière en or, un portefeuille contenant divers papiers, trois trousseaux de clés et une voiture automobile au préjudice de la succession de Schneck Majer ? Oui, à la majorité.

L'accusé Mazia Sigmund dit Simon est-il coupable d'avoir à Strasbourg le 1er juin 1949 frauduleusement soustrait deux tapis au préjudice de la succession de Schneck Majer ? Oui, à la majorité.

La soustraction frauduleuse spécifiée dans la question 2 a-t-elle été commise à l'aide de fausses clés ? Non.

A-t-elle été commise dans un édifice ? Non.

L'accusé Mazia Sigmund dit Simon est-il coupable d'avoir à Strasbourg le 1er juin 1949 volontairement donné la mort à sieur Schneck Majer ? Oui, à la majorité.

Le meurtre spécifié dans la question 5 a-t-il été suivi du vol spécifié et qualifié dans les questions 2, 3 et 4 ? Sans objet. Question d'excuse : Est-il constaté que le meurtre spécifié dans la question 5 a été provoqué par des coups et violences graves envers la personne de l'accusé Mazia ? Non, à la majorité.

Strasbourg, le 16 mai 1950, le président (*signature illisible*)

(*À la main, à l'encre bleue.*) À la majorité, il y a des circonstances atténuantes en faveur de Mazia Simon.

En conséquence, la cour et le jury réunis condamnent Mazia Sigismond à la peine de 12 ans de travaux forcés et après discussion le dispense de la peine accessoire de l'interdiction de séjour. Il est aussi condamné à verser un franc de dommages au mineur Gilbert Schneck et à rendre à la succession les deux tapis frauduleusement soustraits. (*Signatures du président et du premier juré.*)

(*Ajouts manuscrits à l'encre noire.*)

Par décret du 19/01/1951 remise d'un an de Travaux Forcés

Par décret du 12/09/1952 remise d'un an de Travaux Forcés

Par décret du 16/07/1953 remise de dix mois de Travaux Forcés

Par décret du 12/03/1954 remise de six mois de Travaux Forcés

Par décret du 11/09/1955 remise d'un an de Travaux Forcés

Sur l'arrêt de condamnation de Simon Mazia, une note manuscrite a été ajoutée à l'encre bleue :

Par arrêt de la cour d'appel de Colmar du 15 décembre 1966 Mazia Simon a été judiciairement réhabilité.

De ce drame, il n'est écrit que les 9 000 francs, deux tapis, une montre-bracelet et une chevalière, les douze ans de travaux forcés moins les remises de peine, il manque la tristesse, la honte, l'humiliation, la peine d'Adèle Mazia, de Simon Mazia, de Paulette Hercovitz et de Gilbert Schneck.

Tristesses, hontes, humiliations, peines restent cachées, non dites, non écrites.

Je regarde à nouveau la photo d'identité de Gilbert prise en 1949, le regard clair, sans pouvoir le prévenir, ni le consoler.

On lui a demandé de reconnaître le corps de son père, de reconnaître l'assassin. Il a obéi aux policiers, souriant, bien élevé, il n'avait rien fait de mal, on ne venait pas l'arrêter lui. Je reconnais sa manière de regarder, une sorte de séduction douce qui tente de convaincre, aimez-moi, ne me faites pas de mal, laissez-moi vivre et être heureux.

Après la mort de son père, Gilbert s'échappe de la rue des Petites-Écuries.

De ce qui s'est passé à Strasbourg, de ce qui est écrit dans les journaux, rien n'est dit.

Le silence pour effacer le sang, le sexe, le scandale.

Il quitte le lycée Turgot pour préparer la deuxième partie de son baccalauréat à l'école Gilbert-Bloch à Orsay, du nom d'un des résistants du maquis de Vabre mort lors de l'attaque du train de Mazamet. Une école qu'Henri Atlan m'a décrite comme, « un Berkeley sans le sexe et la drogue », créée par Robert Gamzon, qui dirigeait le réseau de résistance dont faisait partie Gilbert Bloch.

L'école était un lieu de rencontre que Gilbert aimait évoquer. Il citait les noms « Castor », « Manitou », ses amis et ses maîtres.

Ils avaient des activités bizarres : fabriquer des marionnettes, apprendre à respirer avec le ventre, pousser des cris, ils avaient le droit de ne pas être d'accord avec les professeurs et d'argumenter, si loin du lycée Turgot.

C'est là qu'il a commencé à s'intéresser sérieusement aux filles.

La grande révolution était là, des filles et des garçons entre dix-huit et vingt ans vivaient ensemble. Ils étaient dix filles, dix garçons. En un an, Gilbert a été amoureux, à des degrés divers, de six des dix filles. Les quatre autres étaient ses meilleures amies.

La vérité est qu'il aurait aimé coucher avec les dix. Les dix lui plaisaient et elles étaient là, avec lui, en short pour la gymnastique, le soir en pyjama pour les veillées. Il n'en revenait pas, était dans un état constant d'émerveillement et de désir.

Passer de l'appartement de la rue des Petites-Écuries, de sa mère, de son père, à ce paradis de la pensée... Michelle fut la première à accepter qu'il l'embrasse sur la bouche, la première à le laisser lui caresser les seins, puis glisser sa main dans sa culotte.

Il avait tenté de se justifier, s'il était amoureux d'elle, cela ne l'empêchait pas de désirer Marie-Claude. Cela n'avait rien à voir. Il avait abordé la question en cours de philosophie avec Manitou, le professeur vénéré. Le mariage n'était-il pas un lien d'oppression qu'il fallait bannir ? Ils étaient libres, prêts à inventer une nouvelle façon de vivre. Gilbert proposa à Michelle de faire un tour du parc pour parler.

L'école était située dans un petit château entouré d'un parc de vingt hectares. Michelle était butée,

Gilbert voulait la convaincre qu'il fallait tout expérimenter, être curieux, sinon pourquoi vivre si c'était rester dans le passé ? Il fallait tout changer, on ne pouvait continuer comme avant, avant c'était horrible, non ? Maintenant, une société moderne commence, on est en 1950, c'est formidable. Tu n'es pas contre les machines à laver le linge ? Alors, tu n'es pas contre coucher avant le mariage ? Ça, c'était avant, dans des sociétés où nos vies étaient régentées par des règles que nous devons rejeter, car elles ne sont plus adaptées. Nous devons nous libérer.

Gilbert était très content de son petit discours, il en était certain, il avait vécu sa part de malheur, l'avenir serait différent et dans cet avenir ses amis et lui profiteraient sans limites de ses plaisirs. Caresser la peau de Michelle, elle est si belle. Toute ronde et brune, la peau dorée, Michelle qui lui raconte la vie à Casablanca, la plus belle ville du monde, tout est blanc, un jour Gilbert pourra l'accompagner, elle le présentera à ses parents, il sera accueilli comme un fils dans cette nouvelle famille. Michelle décrit les orangers et les citronniers dans le jardin de ses parents et se laisse faire. Gilbert a enlevé sa veste et l'a posée sur l'herbe à l'abri d'un marronnier, Michelle est allongée, les yeux fermés, elle ressent le soleil de son enfance, les caresses de Gilbert, ils sont dans cet instant où le présent se dilate, prend toute la place, ils se taisent, cela est trop sérieux, trop important.

Ils ne voient pas le temps passer. Ils sont partis il y a une demi-heure ? Deux heures ? Ils aimeraient que ce moment ne s'arrête jamais. Gilbert et Michelle s'aiment et cet amour les rend très heureux.

Gilbert n'en revient pas, sa vie était une suite de hontes, d'humiliations, et en un instant elle est éclairée d'une lumière nouvelle. Il imagine la maison des Toledano, les parents de Michelle, à Casablanca, il touche le corps nu de Michelle, une vie heureuse est donc possible ?

De l'école Gilbert-Bloch, il écrit à Paulette et Eugène :

Orsay, le 10 mai 1950

Maman et papi chéris,

Votre coup de téléphone m'a beaucoup affecté. Que vous ayez pu songer que je ne pensais pas à vous, voilà qui est bien de vous, comme si je ne voudrais venir vous voir chaque semaine.

Je n'ai pas réagi sur le coup quand vous m'avez dit que Papa Eugène avait des ennuis avec son cœur. J'espère que ce n'est pas grave au moins. Décidément vous n'avez pas assez de soucis et moi non plus. [...]

Je travaille très dur pour mon bachot. J'ai la grande joie, le bonheur et l'heureux privilège de vous annoncer que j'ai grandi de 1,5 centimètre. Applaudissez.

Jamais je ne saurais assez vous remercier pour cette année, ce sera une des plus décisives de ma vie.

Je pense au monde à côté duquel je serais passé sans jamais douter qu'il existe, je pense à la formation intellectuelle que j'esquisse ici, je me rends compte que c'est toute ma structure de pensée qui change. Je peux vous dire à présent que je n'avais pas un esprit sain, je gesticulais ma vie.

Au fond, la grande chose que j'ai découverte, c'est la différence entre être dans le monde et vivre dans le monde. Même la conception de mes parents était fausse, je pensais que puisque vous faisiez des sacrifices pour moi, je vous devais de la reconnaissance et du respect et « uniquement » pour cela, je n'avais rien compris, tendrement à vous, Gilbert.

Être dans le monde, qu'il subit depuis sa naissance et agir, décider, s'échapper de son passé et de ses parents.

Il a dix-huit ans et veut choisir le monde dans lequel il va vivre. Un monde sensuel et lumineux traversé par le corps de Michelle, le rire de Michelle, l'optimisme de Michelle, les parents de Michelle, les citronniers et les orangers dans le jardin des parents de Michelle à Casablanca. Tant de souvenirs heureux à vivre.

Michelle, puis Marie-Claude, Nicole, Monique, Jacqueline, Françoise, Rachel, Hélène.

Il a dix-huit ans, la vie lui offre dix ans de répit, avant le retour de la guerre.

Nous sommes allongés, j'ose confier à l'homme que j'aime que je ne peux m'empêcher d'imaginer le pire. Accidents improbables, disparitions soudaines, rencontres illusoires, tout cela mettant fin brusquement à notre histoire qui commence à peine. Il n'essaye pas de me rassurer face à toutes ces absurdes interrogations.

Il me répond simplement :

– Ces mauvaises pensées sont inutiles.

C'est ainsi qu'il me guérit.

4

Soigner

Gilbert venait de terminer ses études de médecine, son sursis avait été levé. En 1959, il est parti faire son service militaire au fort de Sétif. Il a passé trente mois là-bas pendant ce qu'on appelait « les événements » et que l'on nomme aujourd'hui la guerre d'Algérie. De ces trente mois, il subsiste une photo, il est en uniforme que l'on devine beige (la photo est en noir et blanc), il porte des lunettes de soleil, derrière lui un camion. On ne perçoit rien d'autre, comme toujours il est souriant.

À Monique, Gilbert a osé raconter d'une phrase ce qui s'était passé en Algérie.

– Il mettait la table. Tu sais combien il faisait attention aux détails, que tout soit beau. Il avait sorti une nappe dans un tissu rose indien un peu passé, des assiettes trouvées aux puces, ornées d'un fin liseré d'un rose pâle. Il était allé le matin au marché de la place Maubert, avait rapporté un bouquet de minuscules roses thé. Il était ressorti, car *Le Monde* n'était pas encore arrivé au kiosque. C'est idiot, mais j'avais toujours peur, quand il sortait, qu'il rencontre une autre femme. J'attendais son retour. C'était un samedi, on déjeunait tard, il est revenu avec *Le Monde*, puis il a commencé à préparer une salade de champignons. Le mardi précédent, on avait regardé à la télévision *Les Dossiers de l'écran*. Il y avait un débat sur Kolwezi, une opération militaire à l'époque de Giscard. La Légion étrangère était allée libérer des otages, c'était surtout une histoire de contrôle sur des mines. La mission était dirigée par un officier français, Philippe Erulin. Pendant l'émission, le rédacteur en chef de *L'Humanité*, René Andrieu, avait accusé Philippe Erulin d'avoir pratiqué la torture pendant la guerre d'Algérie. Cela avait fait scandale. La famille d'Erulin avait déposé une plainte en diffamation contre René Andrieu. Tout en coupant les champignons, ton père me parlait de *La Question*, le témoignage d'Henri Alleg sur la torture en Algérie publié aux Éditions de Minuit. Alleg citait le nom de Philippe Erulin comme l'un de ses tortionnaires. Ton père a posé son couteau de cuisine et ses champignons, il s'est essuyé les mains pour aller chercher le petit volume blanc et il m'a lu, comme il aimait tant le faire. Tu te souviens comme il lisait à haute voix à table ? Alleg cite les noms de militaires français, Faulques, Charbonnier, Lorca, Erulin qui l'ont torturé. Erulin qui crie : « Tu vas parler ! Tout le monde doit parler ici ! On a fait la guerre en Indochine, ça nous a servi pour vous connaître. Ici, c'est la Gestapo ! Tu connais la Gestapo ? Tu as fait des articles sur la torture, hein salaud ! Eh bien, maintenant, c'est la 10e DP qui les fait sur toi. » Alleg détaille les pinces de magnéto, l'eau, les brûlures, les coups, le médecin qui lui injecte du penthotal, le sérum de vérité. Alleg raconte Maurice Audin, la voiture qui démarre, la longue rafale de mitraillette, le sang de l'Algérien Fernand Yveton. Alleg est soigné, pour ses tortures, à l'infirmerie de la villa par un autre médecin. Il doit être rendu présentable. Alleg écrit : « J'ai terminé mon récit. Jamais je n'ai écrit aussi péniblement. » Ton père dos à moi, tournait les pages du livre d'Alleg. Il l'a rangé, a repris son couteau, est retourné vers ses champignons. Il me tournait toujours le dos. Je l'ai entendu dire cela : Je les ai vus. On m'a demandé d'aller soigner des types qui avaient été torturés pour les rendre présentables avant de passer devant un juge. Je les ai soignés. C'est arrivé plusieurs fois. Qu'est-ce que je pouvais faire d'autre que les soigner ?

Je pense à Michèle Audin, la fille de Maurice Audin, torturé à mort par l'armée française, Michèle Audin qui n'a pas connu son père et qui a écrit pour trouver les traces, je pense aux enfants de Philippe Erulin, qui ont tenté de défendre leur père.

Fille et fils d'un père généreux, présent, absent, aimant, tendre, coupable, lâche, salaud.

Je pense à Jacques Pâris de la Bollardière, compagnon de la Libération, seul général à dénoncer l'usage de la torture par l'armée française et qui sera condamné à soixante jours d'arrêt à la forteresse de La Courneuve.

Marguerite Eberentz, Thérèse Moreau, Charles Schmitt, Jacques Pâris de la Bollardière, Henri Alleg.

Jean Popineau, Philippe Erulin, vous n'entendez rien, vous obéissez à l'ordre injuste, vous pensez ne pas avoir le choix, vous vous mentez à vous-même et vous êtes incapable de le comprendre, vous tuez et vous torturez, peut-être qu'il restait au fond de vos cœurs une part de bonté, peut-être avez-vous été de bons pères à défaut d'être des hommes libres.

Et pour celui qui assiste, qui est un témoin, il ne reste que la honte et le silence.

Le corps déchiré d'un homme, les plaies ouvertes à recoudre sans anesthésie, le visage tendu par la douleur. Gilbert était cet homme de cette génération prise dans une histoire où le malheur s'ajoutait au malheur, où la seule position possible était de ne pas faire le mal. Il a donc soigné.

Pendant la guerre d'Algérie, à l'hôpital militaire de Sétif, Gilbert, tout juste diplômé de la faculté de médecine de Paris et appelé à effectuer son service militaire, rencontre Jean-Claude, qui deviendra un de ses meilleurs amis. Jean-Claude est un pharmacien d'origine tunisienne.

On déjeune tous les deux, c'est délicieux, des artichauts à la juive et des spaghettis à la boutargue. Il me dit qu'il est si content de parler de mon père. Comme tous ceux que j'interroge, il commence par sourire. Le souvenir de mon père fait sourire, c'est un sourire doux, d'un homme qui a rendu tant de gens heureux.

– C'est en 1960, à Sétif, pendant la guerre d'Algérie, que ton père a décidé d'épouser ta mère. Il m'a confié, J'épouse mon amante et ma sœur.

– C'est beau.

– C'est pour cela que je te raconte ça. Il aimait les femmes, mais ta mère, il l'a toujours aimée. Cela ne te gêne pas que je te parle des autres femmes ?

– Non, je suis au courant.

– À Sétif, il était avec une fille. Il l'avait surnommée la Grande Miss. Tu es certaine, cela ne t'embête pas que je te raconte ça ?

– Non, pas du tout. Mais ce qui m'intéresse surtout, c'est la guerre d'Algérie.

– Je n'ai pas grand-chose à te dire. Le matin ton père opérait, on déjeunait au mess des officiers dans un jardin. L'après-midi, il recevait pour les consultations ; le soir, il lisait, on discutait. Il était pour l'indépendance.

– C'est tout ?

– Oui, c'est tout. On était protégés, on sortait peu de Sétif.

Plusieurs mois après notre déjeuner, j'ai reçu une lettre de Jean-Claude où il écrit :

Même si nous avons su nous préserver et paraissons indemnes, une fêlure indélébile nous traverse le cœur.

Maurice Mateos-Ruiz a rassemblé dans un livre des témoignages et des lettres d'appelés pendant la guerre d'Algérie. Ce sont les premiers textes que j'ai lus sur cette guerre à laquelle Gilbert a participé pendant trente mois comme médecin. Cela a été la première gifle de rappel sur ce qu'a été la guerre d'Algérie.

2 décembre 1955
Mes chéris,
C'est un soldat enthousiaste qui vous écrit.

Nous sommes partis d'Alger pour Sétif, maintenant nous voici dans un cadre extraordinaire, à 2000 mètres d'altitude, aux gorges de Kherrata, l'un des plus beaux sites de l'Algérie. L'endroit est calme, les fellaghas se tiennent tranquilles. Jamais je n'ai si bien vu l'œuvre de la France, et jusque dans ce coin perdu, il y a des routes larges et entretenues, du néon pour éclairer le patelin, une mairie comme à Villennes, des pharmacies.

Décembre 1956

Parents chéris, on ne veut plus de moi à Sétif. On a repeint mon bar. Des convois entiers s'arrêtent ici ; c'est drôle, leur aspect évoque dans ma mémoire ceux des soldats nazis qui partaient joyeux le matin et revenaient dès le soir, défaits et légers, lestés des morts et des espérances. Mon bar devient une sorte de bordel. On y viole des femmes traînées là en prisonnières et bien sûr, on y viole entre soi, c'est plus sûr. Il y a un certain garçon de 19 ans sur lequel cent voyous sont passés. Moi, je sers du faux champagne, en faisant mine de ne rien voir. C'est d'ailleurs mon attitude favorite à présent.

« Se tenir », disait papa. Oui, je me tiens, mais mal. M.

En les lisant, une pensée m'obsédait. Gilbert avait vu la même chose. Comment n'avait-il pas perdu l'espérance ?

Le 12 juin 1990, j'avais téléphoné à Pierre, d'un ton enjoué, pour lui apprendre la bonne nouvelle. Le service transplantation de l'hôpital avait trouvé un cœur neuf pour mon père, il allait enfin pouvoir être opéré d'un transplant cardiaque. Il était sauvé.

Pierre m'avait écoutée. Il m'avait répondu, imitant mon ton enjoué et en y ajoutant de la compassion :

– Je vois comment tu es. Tu es comme ton père, tu ne peux pas t'empêcher d'espérer.

Le dossier militaire de Gilbert Schneck donne des indications factuelles sur les trente mois qu'il a passé en Algérie.

Conseil de Révision de la Seine 1952

Fiche médicale individuelle
Étudiant en médecine à Paris
Caractéristiques physiques
Taille : non mentionnée
Poids : 62 kilos
Périmètre thoracique : 87 cm
Renseignements physionomiques
Cheveux : châtains
Yeux : gris-bleu
Front : long
Nez : busqué
Visage : ovale
Sursis résilié le 27 octobre 1958.

Détail des services et positions successives

Affecté à la 103e SIM pour être détaché à l'hôpital militaire de Sétif.
Débarqué à Alger le 12 avril 1959.
Libérable le 4 mai 1961.

Billet d'hôpital :
Colite droite
À Sétif, le 16 janvier 1961.

Avril 1959-mai 1961, vingt-trois mois qu'il contait ainsi, à son ami Henri :

– Oh, c'était comme de grands jeux scouts en un peu plus dangereux.

En Algérie, il a été malade pendant un mois, il avait mal au ventre. Il n'a pas peur, il n'est pas anxieux, tout va toujours bien, il a juste mal au ventre. Rien de grave.

Après, mon père n'est jamais malade.

À l'hôpital Cochin, où il entre en urgence en septembre 1989, il refuse pendant dix mois d'être le malade. Il reçoit dans sa chambre, amis, femmes, enfants. On discute. On affiche sur un mur de sa chambre le poster d'une exposition au Centre Beaubourg, *Vienne 1880-1938. L'apocalypse joyeuse*. Il lit. Il parle. Il est épuisé. Il sourit toujours. Les nouvelles sont toujours bonnes, il va toujours mieux, les progrès sont là, évidents. Je le crois. Il ne peut en être autrement. On tente plusieurs traitements. On lui a trouvé un nouveau cœur.

Enfin, il va reprendre sa vie. Je suis très heureuse, je vais danser, je rentre à minuit, ma mère me dit :

– C'est terminé.

Elle ne me dit pas, Il est mort.

C'est la maladie, les jours à l'hôpital qui sont terminés et j'en suis soulagée. Je crois qu'il va revenir, je l'attends pendant vingt-cinq ans, ma vie est en sourdine, l'amour ne peut exister entièrement, il ne peut qu'être diminué. Je ne consens à être aimée que par ceux qui me trompent, me rejettent, m'oublient, rejetant à mon tour ceux qui m'aiment avec bonté. Ils ne sont pas mon père, ils ne seront jamais à la hauteur.

Vingt-cinq ans pour l'accepter, il est mort, il ne reviendra pas, je peux enfin le pleurer et recommencer à vivre entièrement.

J'ai été étonnée de la facilité avec laquelle les militaires m'ont ouvert leurs archives sur la guerre d'Algérie. Des rapports, des bulletins mensuels, des fiches des renseignements généraux sur Sétif, les Journaux des Marches et Opérations de l'hôpital militaire Pierre-Mourier de Sétif, datant de 1959 à 1961, des dossiers tamponnés en rouge « secret confidentiel », des « pensées » sur l'islam, des analyses psychologiques d'un niveau assez moisi, l'état économique, social, moral et psychologique des populations, des détails insignifiants, des comptes rendus des activités militaires de l'armée française et aussi des interrogatoires des combattants FLN, leurs noms, les circonstances de leurs arrestations, les questions posées, leurs réponses.

On lit les aspects minuscules, l'ennui parfois d'une vie de service militaire et l'irruption de la violence, les tentatives de progrès et les forces de la destruction.

Dans cette accumulation de détails superficiels surgit ce qui est caché.

Gilbert a beaucoup lu sur l'Algérie, avant de débarquer, son opinion est faite, il est pour l'indépendance. Il a été horrifié par la répression des manifestations de nationalistes algériens le 8 mai 1945 à Sétif. Ces morts dont on ne parle pas. Le peuple algérien est nié. Puis, en débarquant, il a admiré la route entre Alger et Sétif, les champs cultivés, les coteaux de vigne, les immeubles blancs, il a visité un centre pour tuberculeux, il se dit que ce n'est pas si simple. Les Français d'un côté, les Algériens de l'autre, les bourreaux et les victimes, chacun des camps oublie qu'il appartient à une humanité commune.

On lui a dit qu'il venait « au nom de la pacification », une partie des troupes vient éduquer et soigner. Cela lui plaît. Il va soigner. Cela lui plaît aussi de s'éloigner de sa mère, de son beau-père, d'Hélène, il espère trouver là, grâce à l'éloignement, une liberté. Parce qu'il est d'un naturel attentif, on le presse. Loin, il sera enfin tranquille.

Ce qu'il découvre d'abord, c'est l'ennui d'une vie de caserne. Lui qui est si curieux, aimerait rencontrer les femmes et les hommes qui vivent ici, doit rester confiné dans le fort.

Rapport sur le moral à l'hôpital militaire Pierre-Mourier, Sétif (juillet 1960)

Le médecin-colonel Anthoine, médecin-chef à l'H.C.A. Pierre-Mourier

À

Directeur au service de santé des FFA – Baden-Oos

Référence : Rapport sur le moral à l'hôpital militaire Pierre-Mourier, Sétif.

Conditions matérielles de vie : Une amélioration sensible depuis l'ouverture des cités-cadres. Les médecins trouvent à l'hôtel des célibataires d'excellentes chambres.

Loisirs : Des séances de cinéma ont lieu tous les dimanches soir au foyer. Ce foyer est ouvert chaque jour aux infirmiers. Il a du succès auprès des amateurs de jeux de cartes, de tennis de table, de radio et de musique. La bibliothèque, en revanche, est peu fréquentée.

Moral : Le moral des cadres et du détachement est bon dans l'ensemble. Il y a chez les officiers et les infirmières PCMF une notion élevée de leur devoir professionnel et moral.

La grande cause de découragement est l'extrême médiocrité intellectuelle des infirmiers du contingent. La cause en est certes imputable à leur éducation et aux conditions anormales dans lesquelles ils ont passé leurs années scolaires de 1939 à 1945.

Alimentation : Satisfaisante, on peut toutefois déplorer le « régime » de passe-droits qui fait attribuer, dans les économats, les meilleurs légumes et viandes à quelques privilégiés.

On peut signaler enfin :

Le désir des infirmières d'avoir accès à la bibliothèque de garnison.

Il aimait donner des surnoms aux gens qu'il aimait. Moi, c'était Beauty, la chatte des *Peines de cœur d'une chatte anglaise*, la nouvelle de Balzac. La chatte si belle et bien élevée tombe amoureuse d'un chat de gouttière français, dragueur, drôle, qui l'entraîne sur les toits, elle qui ne connaît que les tapis persans de sa maîtresse.

Nous étions allés voir en famille ces *Peines de cœur* mises en scène par Alfredo Arias.

Nous étions à la fin des années 70, la France accueillait les Argentins fuyant la dictature et tout à coup l'Argentine était à la mode.

Gilbert était curieux. Toute émotion, beauté, idée nouvelle, était susceptible de le sauver.

Alors, il y allait. Dans ce Paris des années 70, puis 80, où chaque rue recelait une librairie, un théâtre, un ciné-club, un tailleur pour hommes, une pâtisserie, tout l'enchantait. Il revenait du marché de la rue Mouffetard avec des fleurs d'artichaut, mauve et ocre. Il avait acheté un fin collier fabriqué à partir de mailles en or, à l'allure industrielle, conçu par Jean Dinh Van, un orfèvre d'origine vietnamienne qui n'était pas encore réputé. Il l'avait choisi pour ma mère et j'étais arrivée à le convaincre qu'il m'irait très bien. Il me l'avait offert, Hélène n'avait rien dit de mon vol.

Il emmenait tous ses enfants un soir de semaine, avec école le lendemain, devoirs oubliés, voir *L'Argent de poche* de François Truffaut. Et nous répétions en chœur :

– Merci pour ce frugal repas.

Il avait découvert Alfredo Arias et il fallait que les enfants voient ça, alors il était retourné assister au spectacle avec nous.

Beauty était jouée par l'actrice argentine Marilú Marini. Son accent, à la fois précieux et chantant, ajoutait au raffinement étrange de Beauty.

Il était tombé amoureux de Marilú Marini.

Il avait trouvé mon surnom, j'étais Beauty. Mon frère était « mon haricot » et ma sœur « mon petit paquet ».

Et l'infirmière du fort militaire de Sétif, il l'avait surnommée la Grande Miss.

Un long corps blanc aux gestes tranquilles, masqué par son uniforme, le peu de chair nue que l'on pouvait apercevoir, chevilles, poignets, la manière dont la Grande Miss se caresse tranquillement les mains, son rire qui éclate sans crainte, et démontre un mélange d'assurance et de sensualité.

Elle est née à Clermont-Ferrand d'un père militaire qui avait hésité entre Pétain et de Gaulle, avait choisi Pétain, puis, se rendant compte de son erreur un peu tard, en janvier 1944, avait rejoint la Résistance. Il s'était trompé et il avait admis son erreur. Cette blessure renforçait l'affection qu'elle éprouvait pour son père. Sa mère, elle, après avoir accompagné son père dans sa carrière sous Vichy, l'avait méprisé d'avoir rejoint tardivement le camp des vainqueurs.

La Grande Miss lui parlait avec clarté de sa relation avec ses parents. Gilbert admirait la distance avec laquelle elle parlait d'eux.

Elle était l'infirmière en chef à l'hôpital Pierre-Mourier de Sétif, elle se savait autoritaire, déterminée, après avoir observé et interrogé, ce qu'elle pensait juste et injuste.

Elle interrogeait les bleus :

– Comment s'appelle votre maman ? Votre papa ? Quel est votre plat préféré ? Quels sont vos projets quand vous rentrerez chez vous ?

Les jeunes soldats se confiaient, racontant leurs petites amies.

– Michelle, on s'aime depuis nos douze ans.

– Martine, on va se marier.

– Louise, j'ai peur qu'elle m'ait déjà oubliée.

Gilbert aimait qu'elle soit si attentionnée envers les autres. Lui l'était autant.

Ils étaient là pour soigner. Ils soignaient des militaires, des civils, des Français et ceux qu'on appelait les musulmans.

Prendre soin, écouter, toucher, trouver d'où vient la souffrance.

L'Algérie est son premier vrai poste de médecin. Il a vingt-sept ans. Il est terrifié par la mortalité infantile, l'absence de soins même rudimentaires.

Quand il retrouve Pierre à Alger en permission, il lui raconte parce que Pierre, qui est plus engagé que lui, lui pose des questions. Comment meurent les enfants algériens.

En 1958, un jeune énarque, Michel Rocard, écrit son rapport de stage, sur les regroupements de population en Algérie : dans un village où neuf cents enfants ont été recensés de la vallée du Soummam, il en meurt un par jour. Des femmes qui accouchaient sur une paillasse sale, les bébés qui mouraient d'une simple colique, la peau de certains malades qui n'avaient jamais été lavés.

À Sétif, Gilbert posait des questions :

– Ça fait mal où ? Comme ça ? C'est là ? Ça fait mal comment ? Ça tire ? Ça brûle ?

Il savait bien écouter, alors on lui racontait tout.

Il voulait prendre du temps avec chacun, que chacun puisse partir avec quelque chose, que la consultation ne soit pas inutile même si la maladie était incurable, même si c'était trop tard.

Ce quelque chose était un peu d'apaisement.

Enfant, j'avais souvent mal au ventre, j'adorais comment, à travers ma chemise de nuit, il posait ses mains tièdes, palpait mon ventre, me questionnait :

– C'est plus là ou plus bas ? Ça tire ou ça brûle ? Qu'est-ce que tu as mangé ? Tu es allée aux toilettes ? Comme ça, cela te fait du bien ?

Je n'avais plus mal.

Fiche sur la cité Bizard. Secteur de Sétif, 5e bureau (juillet 1959)

[...]

Entièrement recensée, la population de la cité Bizard s'élevait au 1er juin 1959 à 1 231 habitants, 381 hommes, 290 femmes, 475 enfants et 85 vieillards. 213 hommes sont absolument sans travail, 47 travaillent de manière irrégulière et chôment de 20 à 30 % des jours ouvrables, 51 tiennent des petits commerces qui ne leur laissent que de maigres bénéfices.

Cette population est sans contexte la plus misérable de Sétif. Elle habite des constructions qui relèvent davantage du terrier et de la tanière que de la maison. Ce sont d'anciens fondouks, d'anciennes écuries, de mauvaises bâtisses presque sans fenêtres, les murs sont couverts de crasse et de moisissure. Dans des pièces d'une saleté repoussante et la plupart dépourvues du moindre ameublement, hommes, femmes, enfants s'entassent de 8 à 10 par pièce, parfois davantage, couchant à même le sol ou sur tout ce qu'ils ont pu trouver de vieux sacs, vieux chiffons ignobles.

On se demande quels sont les moins malheureux, de ceux qui habitent ces taudis, ou de ceux qui en ont été réduits à se fabriquer un semblant d'abri avec tous les morceaux de tôle, de bois, de briques découverts dans les chantiers de démolition, pitoyables matériaux protégeant mal les familles.

C'est le bidonville dans toute son horreur.

La cité Bizard n'est pas susceptible d'être améliorée. Il faut la détruire entièrement.

Vivant dans de telles conditions, il n'est pas étonnant que cette population ne nous soit pas favorable, et il est vain d'escompter qu'une action psychologique trouve un terrain favorable à Bizard, qui offre un refuge sûr à tous les HLL. La seule propagande qui aura prise sera le changement total de l'habitat, un secours d'urgence sous forme de couvertures et de vivres, enfin, l'assistance médicale gratuite, qui ne fonctionne pas encore dans les zones sud de la ville.

Pour cette population, dont nul ne s'est soucié à ce jour, les meilleurs arguments et les plus séduisantes promesses du plan de Constantine soulèvent, en l'état actuel des choses, plus d'indignation que d'espoir ; le passé ne lui laisse pas présager un avenir meilleur.

Sétif le 7 juillet 1959, le commandant du secteur de Sétif.

Commission de coordination-arrondissement de Sétif. Campagne d'hygiène (mai 1959)

Une semaine de l'hygiène sera organisée du 24 au 31 mai prochain.

Cette semaine propose de fixer les bases d'une coordination permanente de tous les services civils et militaires intéressés par l'éducation sanitaire.

De donner aux individus des réflexes propres à améliorer leurs situations sanitaires.

Sur une photo qui a pour légende « Campagne de vaccination contre la tuberculose dans la région de Constantine », je cherche mon père qui soigne.

Au premier plan, une femme, cheveux noirs bouclés aux épaules, jupe, chemisier, sandales, tient dans ses bras son enfant. C'est un gros bébé d'une dizaine de mois, les fesses nues. Elle se tient devant un camion sur lequel est inscrit « Assistance médicale ».

Le médecin militaire est de dos. Est-ce lui ?

Je le cherche dans ces dossiers, dans ce monde de cités insalubres, dans ces maisons sans fenêtres aux murs couverts de crasse, dans ces bibliothèques qui ne sont pas accessibles aux infirmières, il était là aussi. Il avait vécu cette exclusion dans son enfance, les murs de terre de l'abri du jardinier Garreau, les lieux publics interdits, pour les chambres de ses enfants il avait choisi des boiseries peintes en laque blanche, des murs recouverts de toiles aux motifs bleus et verts, il fallait une frontière étanche entre la terrible réalité et le monde dans lequel nous devions grandir.

L'après-midi, à la consultation pour les civils, la Grande Miss et Gilbert s'occupent des femmes, enceintes, mères de famille, elles n'ont jamais vu un médecin, les enfants qui sont passés à côté de ce qui est vanté dans les prospectus sur l'Algérie : « Les grands progrès de la médecine apportés par la civilisation moderne. »

Ils reçoivent des femmes enceintes ou qui emmènent leurs enfants mais qui refusent d'être auscultées, elles.

Il pose de la même manière sa main sur des ventres ballonnés, sur des bras trop maigres, écoute des respirations hâtives, nettoie des peaux dont on ne s'est jamais occupé, vaccine.

Des maladies qui n'existent plus en France, la tuberculose, le rachitisme, le paludisme, sont courantes. Les adultes boitent, car les membres cassés ne sont pas soignés, des hommes âgés, ils ont perdu une jambe, un bras en se battant comme soldats dans l'armée française.

Gilbert lit le livret militaire et son indemnisation dans le livret de pension de l'un d'eux, il a perdu un bras en combattant dans le 3e tirailleurs d'Italie en 1944. Il calcule pour l'administration, un bras algérien vaut 70 % de moins qu'un bras français.

S'il parvient à guérir, cela lui arrive, un trachome, des teignes sur la peau, une crise d'appendicite, une dent à arracher, il est heureux, très heureux.

Il prend le temps d'expliquer des règles d'hygiène pour ne pas tomber malade, comment se laver les mains avant de s'occuper des nourrissons, se laver les dents, il a un stock de brosses à dents qu'il peut offrir ainsi que des peignes et des savons.

Quand les enfants ont de fortes coliques, qu'ils sont si maigres, le ventre tendu, lui qui n'est pas croyant, prie, espérant qu'ils vont s'en sortir, que ce n'est pas trop tard.

Une mère est venue avec son garçon de deux ans, il était si petit. Il est mort là, dans ses bras de médecin riche et incompétent qui a fait dix ans d'études rue des Saints-Pères à Paris et n'est même pas capable de sauver un enfant.

La Grande Miss et Gilbert s'indignent à voix basse.

Pourquoi « la mission civilisatrice de la France, la grandeur de son apport, les écoles, les hôpitaux » ne sont pas arrivés à la cité Bizard ? Pourquoi ces enfants algériens n'ont pas eu le droit aux vaccins obligatoires ? Pourquoi l'on intervient si tard ? Pourquoi ici les enfants meurent de la rougeole, de la grippe, des oreillons ? Pourquoi ces femmes accouchent seules, leurs nouveau-nés mourant d'une banale affection non soignée ?

Ils se portent volontaires pour participer aux campagnes de vaccination et d'hygiène initiées par l'armée et ils concourent, avec le même enthousiasme, aux tournois de tennis organisés par le Touring Club de Sétif et aux séances de ciné-club proposées par Jean-Claude.

Avec leur manière de poser des questions, sans juger les réponses, ils rencontrent des gens de tous les milieux, des colons, ceux de la petite bande du ciné-club de Sétif animé par Jean-Claude, mais aussi des Algériens, passant d'un groupe à l'autre.

Chacun ne pouvant imaginer qu'ils fréquentent, sans s'en vanter :

– Des traîtres

– Des vendus

– Des sauvages ou quel que soit le qualificatif dont on désigne ceux qui n'appartiennent pas à « sa » communauté.

Note en date du 12 août 1959 du général de corps d'armée assurant l'unité de commandement dans la région de Constantine

L'Islam exerce un ascendant irraisonné et indéracinable sur les pensées et les comportements de ce pays. Son influence a pu décroître au contact de la vie moderne entre une civilisation sans machinisme, à l'économie moyenâgeuse et une civilisation hautement industrialisée à l'économie puissante. En réalité, tous ces facteurs ont créé un déséquilibre profond, mais qui ne met pas sérieusement en cause la religion coranique elle-même. Il existe entre la religion musulmane et l'esprit algérien une harmonie profonde, il est important d'en tenir compte en toutes circonstances.

Les manifestations religieuses, la réfection de mosquées et l'enseignement du Coran sont considérés avec un esprit libéral, qui, sans les favoriser, leur apportera d'entrave que dans la mesure où ces activités sont exploitées dans un sens préjudiciable aux buts définis par la politique du gouvernement.

La Grande Miss et Gilbert sont devenus les amis de Malika, qu'ils ont rencontrée grâce à son mari, un pharmacien algérien qui fournit l'hôpital quand l'approvisionnement d'Alger cesse. Il est le fils d'un des rares propriétaires terriens algériens, un démocrate, pro-indépendantiste, qui pourrait préfigurer ce à quoi ressemblerait une Algérie indépendante et démocratique.

Malika a étudié la littérature à la faculté d'Aix-en-Provence, son père, militant politique, professeur, s'était révélé soudainement favorable à l'émancipation des femmes alors que Malika avait dix ans. Personne n'avait jamais compris pourquoi il avait changé sa manière de voir les femmes. Voyant sa fille grandir, il eut la révélation que sa Malika avait une âme égale ou même, il n'en doutait pas, supérieure à la sienne. Elle avait six ans et lui avait expliqué :

– C'est ma bouche et j'en fais ce que je veux.

Avant de mourir, il avait avoué à sa fille :

– Tu m'as autant élevé que je t'ai élevée.

Malika avait choisi son mari pour sa douceur et parce qu'elle savait qu'il respecterait ce qu'elle était.

Elle avait décidé que ses origines, une femme, algérienne, musulmane, ne suffisaient pas à la définir, même en pleine guerre, alors que tous voulaient la réduire à cela.

Elle est donc devenue l'amie d'une Française, fille d'un militaire français, infirmière en chef de l'hôpital Pierre-Mourier de Sétif, et d'un Français, juif, médecin, qui couchent ensemble sans être mariés, sans avoir l'intention de le faire.

Malika ose dire qu'elle ne se sent pas représentée par le FLN. Son mari le pharmacien l'écoute, il est toujours d'accord avec elle. Il pense qu'elle a raison, il lui répète :

– Tu as raison.

Il sait bien ce qu'on pense de lui, dans sa famille, dans la rue, une femme algérienne ne parle pas comme cela. Malika ne porte pas le voile, ils n'ont que trois enfants, Mohamed, sept ans, Myriam, cinq ans, et la dernière, Lallia, qui va avoir trois ans.

La Grande Miss et Gilbert évoquent souvent Malika, imaginant un monde où Français et Algériens ne seraient pas des ennemis. Ils sont capables d'admirer ce que la France a apporté à l'Algérie, la vie des Français parmi les Algériens, avec eux, dont cette terre est aussi la patrie, instituteurs, ouvriers agricoles, petits commerçants, exploitants agricoles. Peut-on espérer une vie commune ? A-t-on le droit d'y penser ? En discutant avec Malika et son mari, ils jugent que cela est possible, c'est une question de temps et de femmes et d'hommes de bonne volonté.

À Sétif, Gilbert est aussi séduit qu'épaté par la communauté séfarade. Il aimerait être l'un des leurs. Jean-Claude lui a raconté son enfance douce à Tunis, sa mère se baignait dans la mer Méditerranée tous les matins, même l'hiver, ils sont des *juifs du soleil et du beau langage*, ils sont d'ici. Ses parents étaient de pays qui n'existent plus. Eux sont de cette terre lumineuse, entièrement.

Cela est donc possible d'être juif et de ne pas avoir peur en permanence ?

Cette absence de peur, il s'en rend vite compte, est une illusion. Malika l'a prévenu, en Algérie, ce n'est pas si simple. Les juifs d'Algérie ont obtenu la nationalité française grâce au décret Crémieux, en 1870, quand les musulmans restaient des indigènes. Les musulmans d'Algérie ont été très humiliés. En quoi seraient-ils inférieurs, indignes d'être français ? Musulmans et juifs qui vivaient ensemble dans la même pauvreté, la même richesse, sont désormais séparés par cette injustice. Les musulmans en tiennent les juifs d'Algérie responsables. Les juifs d'Algérie vivent séparés. L'exil se tient devant eux.

Les services de renseignements sont inquiets.

Dans son bulletin mensuel d'octobre 1959, l'état-major du 2e bureau dresse un état des lieux par communautés, Algériens, Européens, Israélites.

Gilbert sait que, bien qu'il porte l'uniforme de l'armée française, il appartient toujours à une communauté à part, dont il faut se méfier.

Rébellion

La propagande subversive et le noyautage d'éléments supplétifs et réguliers FSNA (Français de souche nord-africaine) de nos Unités ont permis aux rebelles de réussir, à huit jours d'intervalle et en un minimum de raids, deux coups de main payants à proximité de Sétif.

Européens

L'inquiétude augmente en milieu européen, tandis que la masse des musulmans, déçus de voir reculer la date du cessez-le-feu, se replie davantage sur elle-même.

Israélites

À Sétif, il est constaté que cette communauté achète et investit intensément, ce qui est un fait nouveau et peut correspondre à des assurances reçues sur l'avenir.

Conclusion

La dégradation du climat psychologique en milieu européen s'est accentuée, tandis que la propagande rebelle s'est renforcée : « L'Indépendance est proche. »

Il faut s'attendre à une propagande intense de l'adversaire en vue de boycotter les élections cantonales (attentats, enlèvements d'élus et candidats).

Sur le plan militaire, la menace de désertion collective de FSNA et d'attaque de postes avec complicité intérieure doit retenir toute notre attention.

Le général de brigade Dudelou (*signature et tampon*)

Et s'il restait ?

Gilbert se demande, car il est plein de projets, d'idées, si, après l'indépendance, il pourrait aider à l'établissement d'un service de santé pour les Algériens, former des médecins et des infirmières.

Il pense à l'avenir, il a toujours été ainsi, avoir des projets, construire, proposer, c'est son remède secret quand le présent est difficile.

Cela agaçait mon oncle Pierre que Gilbert voie des solutions imaginaires dans les soucis du présent. Pierre était pessimiste, la catastrophe était là devant nous, Gilbert était optimiste, la catastrophe était derrière lui.

État-Major, 2e bureau Sétif.
Bulletin de renseignements mensuel (décembre 1960)

Physionomie générale de la rébellion
La rébellion s'est surtout manifestée par des actions terroristes qui n'ont, ni en nombre, ni en gravité, celles que le FLN cherchait à donner, à l'exception du terrorisme urbain à Sétif, qui a connu un rythme inaccoutumé.

Organisations urbaines
Dix attentats à la grenade ont été commis, notamment le 5/11/1960 où l'explosion d'un obus de 105 caché dans la sacoche d'une bicyclette a fait un mort et dix blessés.

État d'esprit des populations européennes
1. Ceux qui sont opposés par principe à la politique algérienne du chef de l'État

Ils estiment que la France ne comprend pas le problème. Ils sont certains qu'à cause de la métropole, le référendum donnera raison au général de Gaulle et que, tout de suite après le 8 janvier, les événements se précipiteront. Ils sont certains de l'abandon par la France de l'Algérie par le chef de l'État qui ne comprend rien et qui veut se « débarrasser des empêcheurs de tourner en rond ».

2. Ceux qui estiment que partir n'est possible qu'aux riches

Ils sont très inquiets pour leur devenir, ils se posent en « martyrs », car ils estiment qu'ils ne peuvent partir pour des raisons familiales et financières.

3. Ceux qui sont favorables à la politique du chef de l'État

Ils sont peu nombreux. Ils s'entourent de la sympathie d'un nombre croissant de musulmans. Ils ne cachent pas leur détermination à rester en Algérie et pensent que la vie sera possible avec les autochtones s'ils prennent dès maintenant les dispositions pour cela.

État d'esprit des populations FSNA

1. Ceux qui combattent à nos côtés

Ils ne veulent pas que la France parte. Ils veulent avant tout sauver leur peau au cas où l'armée française disparaîtrait. À l'heure actuelle, ils maintiennent leur confiance malgré leur désarroi. Ils ont choisi d'être Français et entendent le rester sans se soucier des moyens employés pour cela.

2. Ceux qui n'ont jamais pris position

Ils restent disponibles. Ils sont restés jusqu'à ce jour pour préserver leur intérêt personnel, soit par crainte, soit par paresse, soit parce qu'ils estimaient que les événements les dépassaient. Au fond d'eux-mêmes, ils souhaitent que leur avenir soit étroitement lié à celui des Français métropolitains, mais ils sont incapables de choisir, il n'est même pas certain qu'ils voteront le jour de l'autodétermination. Ils confient à Dieu le soin de régler l'affaire et avouent qu'ils se lamenteront si celle-ci ne s'oriente pas du côté qu'ils estiment le plus sérieux, mais déclarent ne rien pouvoir y changer.

3. Les nationalistes et sympathisants du FLN

Ils se frottent les mains. Ils sont maintenant certains que, le temps et la lassitude aidant, ils n'auront jamais été aussi près du succès. Sans être plus arrogants qu'hier tout dans leur comportement (air fat, conversations, sorties extérieures) indique leur contentement intérieur.

État d'esprit des autres populations

Les israélites

Ils restent plus que jamais sur une prudente réserve. Ils ont été profondément blessés par les excès antisémites de la casbah d'Alger, mais pensent maintenant que cette action violente était due à quelques nationalistes extrémistes. Cette communauté sent confusément, sans l'extérioriser, que la proclamation de la République algérienne provoquerait pour elle d'énormes difficultés qui pourraient aller jusqu'à son éviction. Les israélites en majorité commerçants ne veulent pas faire les frais d'un abandon de l'Algérie, mais se garderont bien de s'associer à une action de masse.

Désireux de préserver avant tout leurs intérêts, ils obéiront à leurs chefs en s'entourant de toutes les garanties nécessaires.

Un dimanche soir de décembre 1960, la Grande Miss, l'infirmière qu'il admire tant, rejoint Gilbert, en douce, dans sa chambre, tend son bras gauche dont elle a relevé la manche.

– Touche, comme j'ai la peau douce.

Malika et elle ont passé l'après-midi au hammam de Sétif. Elle lui raconte :

– Au sous-sol d'une petite maison du quartier arabe, deux grandes pièces carrelées, les femmes sont toutes nues, se promènent ainsi sans gêne, des très vieilles au corps décharné, il y avait quelques enfants aussi. Je dois t'avouer que j'ai passé un long moment à les observer, à regarder leurs fesses, leurs seins, leurs ventres, leurs cuisses. Je n'aime décidément pas les corps trop maigres, ils m'inquiètent. De nombreuses femmes avaient l'air mal nourri. D'autres sont énormes. Une adolescente était si belle, tu sais avec des seins pointus, je ne pouvais pas m'empêcher de la regarder. Pourtant, je préfère les hommes.

Gilbert l'interrompt :

– Ah bon ? Tu préfères les hommes, c'est donc que tu aimes aussi les femmes ? Tu as déjà fait l'amour avec une fille ?

– Si tu veux tout savoir, à Saint-Étienne, dans le couvent où j'ai été en pensionnat, j'étais amoureuse d'une camarade. Elle s'appelait Martine. Elle s'appelle Martine, je ne sais pas pourquoi je te donne son prénom au passé. Elle vit toujours, elle est mariée, quatre enfants. On s'écrit une fois l'an. Dans le dortoir, son lit était à côté du mien. Je me glissais dans son lit, on se tenait par la main. Un soir, j'avais mal au ventre, je pleurais, elle a posé ses mains sur mon ventre et m'a massée, il me semble qu'elle est restée toute la nuit à s'occuper ainsi de moi. En réalité, cela n'a duré que cinq minutes, on devait faire très attention à la chef de la chambre qui vérifiait que chacune était dans son lit, les bras bien visibles sur les draps. Martine me caressait le ventre pour me soulager, c'est tout. Quand j'y pense, c'est le meilleur souvenir de mon enfance. En Indochine, j'ai eu une amante, notre histoire a duré trois mois. Elle était infirmière. Dominique. Mais je te l'ai déjà dit, je préfère les hommes. Et toi un homme ?

– Jamais.

En disant, cela, il eut l'air si gêné que la Grande Miss changea de sujet.

– Tu aurais adoré être parmi nous cet après-midi. Un petit espion parmi toutes ces femmes.

À ce moment-là il rit, il était si à l'aise avec elle, ils étaient nus, l'un contre l'autre, elle lui chuchotait à l'oreille alors qu'il caressait son long dos, il avait cette capacité merveilleuse de profiter de l'instant.

– J'avais juste une petite serviette, je n'étais pas gênée, les femmes se lavent les unes les autres à la fontaine, l'une enduit le corps de savon noir, l'autre la masse des pieds à la tête puis la rince. Les plus jeunes prennent soin des plus âgées, les mères de leurs filles, les filles de leurs sœurs, elles chantent, parlent fort, c'est très gai. Dans la seconde pièce, plus petite, on voit à peine ce qui se passe tant il y a de vapeur, une vapeur très chaude, parfumée à l'eucalyptus. Elles restent là, s'allongent sur un tissu, parlent à voix basse, on ne sent pas le temps passer, on ne sait plus très bien où on est.

Les autres femmes la regardaient, elles semblaient gênées par sa présence au hammam. La Grande Miss reconnut certains visages vus en consultation, dont une femme qui avait accouché le mois précédent à l'hôpital, et qui était là, le bébé accroché à son sein. Quand la Grande Miss voulut s'approcher, prendre des nouvelles, elle baissa le regard, l'infirmière comprit cela comme de la pudeur.

Après avoir passé du temps dans la vapeur, Malika et elle se frottèrent à tour de rôle les jambes, le dos, les bras, les fesses.

Malika lui montra tout ce qu'elle retirait, de minuscules boudins de peau morte, la Grande Miss était épatée.

Elles se rincèrent à nouveau à l'eau glacée et Malika la massa avec de l'huile de Tindouf pour apaiser sa peau rougie par le gommage.

La Grande Miss donne l'ordre à Gilbert d'un ton autoritaire qui le fait à nouveau rire :

– Touche ma peau comme elle est douce.

– Jamais je ne m'en lasserai.

– Tu seras bien obligé quand tu seras de retour à Paris et que tu retrouveras la belle Hélène, ta fiancée.

Le surlendemain matin, ils apprirent que Malika avait été enlevée chez elle par un commando du FLN. Ils étaient entrés chez elle à trois, armés, il était 4 heures du matin. Ils l'avaient emmenée en chemise de nuit, les pieds nus, en hurlant au pharmacien, Ta femme couche avec une Française, ta femme est une pute, ta femme est une traître.

Trois jours après, le mari reçut une boîte en carton qui contenait un sein de Malika, il reconnut le téton très pâle, la Grande Miss reçut le second, le carton était imbibé de sang séché.

Le corps mutilé de Malika ne fut jamais retrouvé.

La Grande Miss obtint son rapatriement en France.

Ni Gilbert ni la Grande Miss ne cherchèrent à se revoir.

Au milieu de la série des bulletins de renseignements mensuels du 2e bureau de Sétif, s'est glissé un dossier en carton orange, il contient plusieurs rapports rédigés par des combattants FLN écrits en français, avec parfois quelques mots en arabe.

République algérienne. Front et Armée de Libération nationale
Rapport du mois de mars 1959
État-Major de guerre
Comité de la ville de Sétif

Moral de la population européenne
Les derniers attentats successifs ont répandu plus que jamais la terreur dans les cœurs de l'ennemi.
Il a été constaté que la plupart des bureaucrates français, en entrant dans leur bureau, ont pris l'habitude, assez déplaisante et ridicule, d'inspecter leur cabinet de travail, coin par coin. Ils se rendent compte de la présence permanente de notre Armée

de Libération Nationale, et c'est ainsi qu'au fil d'une discussion, un Français d'Algérie m'apprit qu'il n'oserait jamais s'aventurer à prolonger une promenade au-delà des portes de la ville. « Tu penses bien qu'ici, en ville même, nous risquons notre vie à chaque instant. »

Par contre, à l'égard de toute population musulmane, ils gardent d'ailleurs une haine réciproque au plus haut degré, à tout bout de champ, ils menacent de mort un musulman qui pourrait leur porter préjudice. C'est ainsi qu'un Européen a pu me dire « qu'il ne croyait pas les nouvelles françaises de la presse », car, ajouta-t-il, « ce n'est que de la propagande ». Dans la masse européenne, il n'est pas un seul Français qui ne reconnaisse la puissance de nos combattants. [...]

Et alors que nos frères musulmans se plaisent à raconter avec une allégresse de joie, les Français sont dans un état qui touche à l'hébétement. Les armes qu'ils portent sur eux ne les ont pas empêchés dès les premières détonations de gagner fugitivement leur maison pour s'y cloîtrer dans l'attente angoissée du jour lent à venir qui leur apportera un son de quiétude spirituelle. Les mêmes en ont gardé l'empreinte terrifiante et les mines extériorisent un air renfrogné, soucieux, méfiant.

Gilbert vit de peur et d'ennui.

Les attentats du FLN contre les civils figent chacun dans un état de crainte permanente.

Il tente de ne penser qu'au travail. Il écrit aussi plus régulièrement à Hélène. Elle le questionne. Il ne répond pas à ses interrogations, mais il est touché qu'elle soit attentive. Il lui décrit une petite vie routinière entre le mess, le bloc, la lecture des journaux qui arrivent encore, la bibliothèque de la garnison qui contient des romans qu'il lisait adolescent. C'est le seul plaisir ici. Il relit *Madame Bovary* et *Anna Karénine*.

Il ne lui racontera pas ce qui va suivre.

Gilbert sort du bloc opératoire, si on peut nommer cela un bloc. Une salle carrelée de blanc aux joints trop visibles incrustés de sang séché. Il n'y a rien pour aspirer les plaies, il faut nettoyer la boue qui macule les blessures avec un pinceau. Les os brisés sont scellés avec des vis et un tournevis achetés aux Galeries sétifiennes. Il fait ce qu'il peut.

Il se lave les mains en sortant du bloc quand un officier qu'il ne connaît pas lui demande de le suivre. Il se présente, mais il n'entend pas le nom, il a le visage blanc, humide.

Il faut qu'il l'accompagne à Ksar Ettir, un camp de prisonniers au sud de Sétif.

L'officier le presse, il oublie de prendre une trousse d'urgence.

Sur la route, ils ne se parlent pas. Gilbert regarde à droite et à gauche d'abord pour s'assurer qu'il n'y a rien de dangereux. Cela fait deux mois qu'il n'est pas sorti de Sétif. Puis, rassuré, il absorbe toute la beauté qu'il voit, l'ondulation des collines arides, beiges, orange, jaunes, blanches, les jardins verts, roses et aqueux. L'air frais de la montagne après la chaleur de la ville.

Ils ont quartier libre le dimanche matin, et avant la vague d'attentats, avant Malika, avant le départ de la Grande Miss, tous les dimanches matin, il espérait emprunter un scooter pour se rendre aux ruines romaines de Djemila.

Ces soixante kilomètres qui séparent Sétif de Djemila, il ne les fera jamais, il n'en sait que ce qu'en décrit Camus dans *Noces* :

« La ville morte est au terme d'une longue route en lacets qui semble la promettre à chacun de ses tournants et paraît d'autant plus longue. Lorsque surgit enfin sur un plateau aux couleurs éteintes, enfoncé entre de hautes montagnes, son squelette jaunâtre comme une forêt d'ossements, Djemila figure alors le symbole de cette leçon d'amour et de patience qui peut seule nous conduire au cœur battant du monde. »

La voiture s'arrête d'abord dans une mechta. Un village de rien, dix maisons de terre, des murs effondrés, des poules qui se serrent les unes contre les autres, une maigre bique.

Une opération militaire vient de se terminer. Tous les habitants ont été rassemblés à l'extérieur. Deux soldats les tiennent à portée de leurs fusils. Gilbert a le temps de compter douze femmes, elles sont voilées, leurs voiles sont couverts de terre, on dit que les femmes se maculent de boue pour repousser les hommes et ne pas être violées. Une vingtaine d'enfants, de là où il est, il peut voir qu'ils sont tous malades, nez purulents, paupières gonflées, petits visages fiévreux.

Il n'y a pas d'hommes, jeunes ou vieux, il n'y a pas de femmes âgées.

Il entend, venant d'une maison, une plainte aiguë. Puis, rien.

L'officier s'adresse au lieutenant qui commande l'opération.

– Est-ce qu'il y a des prisonniers ?

– Oui, une femme suspecte. Elle cachait un fusil-mitrailleur sous un lit. Deux hommes s'en occupent.

– Vous l'emmenez à Ksar Ettir.

– Et les habitants ?

– Combien sont-ils ?

– Douze femmes, quarante-sept enfants de moins de douze ans. Ces bicots se reproduisent comment des lapins.

– À qui le dites-vous.

– On a subi la mort d'un nourrisson. Ce n'est pas de notre fait. Ils vivent dans la crasse.

– Procédure habituelle. Ils iront apprendre à se laver dans un camp de regroupement pour civils, un car viendra les chercher. Dès qu'ils seront partis, vous brûlerez les maisons.

En une dizaine de minutes, Gilbert vient d'assister au viol d'une femme par deux hommes, à la mort de deux enfants faute de soins de base, à l'anéantissement d'un village.

Il sait qu'il ne faut pas, qu'on ne peut comparer, cela n'a rien à voir.

C'était à Saint-Germain-des-Prés, en Dordogne, les hommes de la division Brehmer, secondés par des miliciens français et ceux de la Phalange nord-africaine le 29 mars 1944.

Il n'est plus un enfant victime des adultes, il porte un uniforme, identique à celui de ces soldats qui tiennent leurs fusils pointés sur ces femmes et ces enfants, celui de ces deux hommes ressortis d'une des dix maisons de terre du village, l'un bouclant sa ceinture, l'autre remontant sa braguette.

Il sent en lui la part monstrueuse qui existe en chacun, celle prête à voler, à tuer, à violer et contre quoi il combat. On lui a appris, ici en Algérie, que le plus haut combat des musulmans, le plus haut jihad, c'est le combat que l'on mène contre soi-même. Cette part qu'il tient au plus loin tant il en a peur, qu'il a vue si souvent, enfant puis adolescent, qui s'approche à nouveau.

Il n'a pas participé, il n'a pas violé, il n'a pas humilié, il s'adresse à chacun, soldat blessé, Algérien souffrant, de la même manière.

Il a le sentiment d'être sale, cette même honte qui le poursuit depuis qu'on l'a inscrit sous un faux nom à l'école à Trélissac, quand il entendait les crieurs de *France-Soir* le poursuivre jusqu'à la rue des Petites-Écuries, qu'il s'enfermait dans les cabinets et que résonnait le nom de son père, l'increvable monsieur Schneck.

Cela fait cinq mois qu'il est à Sétif.

Le camp de Ksar Ettir est entouré de barbelés, surmonté d'un mirador. Une centaine d'hommes se tiennent alignés avec chacun une pioche, ils cassent des plaques de pierre. Ils sont surveillés par des soldats armés de gourdins.

À l'entrée d'une casemate, un homme est sur le dos, les mains et les pieds ligotés par des fils barbelés. Un soldat lui verse un liquide épais, coloré, sur les yeux, le nez, la bouche, qu'il ne distingue pas.

L'officier pousse Gilbert à l'intérieur de la casemate. Un homme est allongé sur le sol. Un drap recouvre son corps. Il a l'air endormi.

– On a besoin de lui, il détient des informations essentielles. Faut que vous le réveilliez.

Gilbert prend son temps pour l'ausculter. Ce qu'il voit d'abord, c'est que la verge de cet homme est boursouflée et rongée, les testicules très gonflés, de petites taches brunâtres sont visibles sur la peau. Des traces de brûlures sur le torse, une très longue traverse la poitrine. Un œil n'est qu'une plaie rouge, suintant de jaune, l'autre est si enfoncé dans la cavité que l'on ne le distingue plus le globe. Il remarque aussi que les ongles des doigts sont manquants.

Le fémur gauche est brisé.

Il n'a que son stéthoscope qu'il garde toujours avec lui, l'homme respire encore.

L'officier au visage très blanc et mouillé s'impatiente.

Gilbert demande à ce qu'on le transfère à l'hôpital.

Est-ce qu'il peut soigner ce type ? Les séquelles seront importantes, il pense à la verge, aux yeux, à tout ce qu'il a dû subir, les pinces sur la verge, sur les tétons, le courant électrique qui l'a brûlé au plus sensible, aux coups qu'il a dû recevoir sur les jambes.

Oui, il peut le sauver. Pour les brûlures, il faudra badigeonner avec du mercurochrome, il y a ensuite des pommades très efficaces. Il peut lui plâtrer la jambe. Pour les yeux, il faudrait l'envoyer aux Quinze-Vingts à Paris. Peut-être que là-bas ils pourraient au moins lui sauver un œil ?

Il y aura en plus les séquelles psychologiques. Il paraît qu'il y a des psychiatres spécialisés pour les traumatismes de guerre au fort de Vincennes.

Il pense à la femme de la mechta, à ses cris, à son silence, à ses sanglots. Il faudra s'occuper d'elle aussi. Il demande à retourner à l'hôpital pour récupérer une trousse, du fil, un désinfectant.

Il témoignera des sévices et du reste. Il a tout vu. Le type allongé sur les fils barbelés, couvert de mouches, le travail humiliant, inutile des prisonniers.

Ils retournent vers le camp. Il sent l'odeur de brûlé quand ils traversent la mechta.

Dans la casemate, l'homme n'a pas bougé. Sa bouche, le seul organe à ne pas avoir été déformé par les coups, semble sourire, apaisée. Les yeux sont fermés et les blessures moins apparentes que dans l'après-midi. Les testicules qui avaient atteint la taille d'un chou-fleur ont dégonflé. Les membres inférieurs qui paraissaient arc-boutés par la douleur sont détendus.

Il demande le nom pour établir le certificat de décès.

L'officier lui répond qu'il n'avait pas de carte d'identité indigène sur lui quand il a été arrêté, qu'il était dans cet état, déjà inconscient, qu'il n'a pas pu être interrogé.

Il inscrit, nom, inconnu, date de naissance, approx. 1939, date de décès, 12 avril 1959.

Causes du décès : brûlures, coups et blessures.

L'officier demande à voir le certificat.

– Nous l'avons trouvé dans cet état. Il doit s'agir d'un traître qui a été torturé par des fells.

Gilbert est pressé de rentrer à Sétif. Il pourra parler à Jean-Claude. En dénonçant ce qu'il a vu, il aura au moins fait sa part.

Le lendemain, après la matinée au bloc opératoire, il demande à voir le commandant.

À son retour, Jean-Claude était déjà couché, il lui parlera après.

Il décrit ce qu'il a vu au commandant. Le viol d'une femme par deux hommes. Le commandant l'interroge :

– Vous avez vu deux soldats violer une indigène ?

Il précise, se sentant en faute :

– J'ai entendu ses cris. C'était terrible. Ils étaient deux.

– C'est une suspecte, une arme a été retrouvée chez elle avec laquelle elle aurait pu assassiner vos parents s'ils vivaient ici. Elle était interrogée pour savoir si elle cachait d'autres armes. Si nos soldats violaient, ils seraient jugés avec la plus grande sévérité.

– Au camp de Ksar Ettir, un homme était allongé sur du fer barbelé.

– Avez-vous des preuves ? Des témoignages ? Des photos ?

– Non, mais je l'ai vu. J'étais accompagné par un officier.

– C'est le seul moyen de prévenir des attentats.

– Il a été torturé à mort. À quoi cela sert-il ?

– Il s'agit d'un traître. Il a été arrêté dans cet état. L'armée française a des valeurs humaines et chrétiennes. Il me serait intolérable qu'un officier couvre ce genre de pratique. On ne tue pas un suspect. J'interrogerai le capitaine en charge du camp de Ksar Ettir et je ne doute pas de sa réponse et de son intégrité. Vous pouvez disposer.

Ce qui se passe dans ce bureau, entre ce commandant et Gilbert, n'a pas de sens. La conversation a été très rapide, c'est un mur infranchissable qui le cerne.

Gilbert se souvient de cet article de Mauriac dans *L'Express* du 15 janvier 1955. En une du magazine, le visage grave en noir et blanc, les mains agrippées l'une à l'autre, le fond barré d'un bandeau rouge « Mauriac accuse ».

« – Vous seul pouvez parler… Vous seul. […]

– Il faudrait des preuves. […]

– Moi, j'ai vu. […]

– À quoi bon, puisque "ça" ne laisse pas de traces !

– Ils n'ont pas renoncé aux coups de nerf de bœuf, vous savez ! Mais la baignoire, ou plutôt le baquet d'eau sale où la tête est maintenue jusqu'à l'étouffement, mais le courant électrique sous les aisselles et entre les jambes, mais l'eau souillée introduite par un tuyau dans la bouche jusqu'à ce que le patient s'évanouisse... [...]

L'homme est un prêtre qui officie dans la région de Constantine.

– Ce sont des chrétiens, vos frères. Vous devriez...

– Oui... oui...

Je l'accompagne jusqu'à la porte. Me voici seul. J'ouvre distraitement l'album des disques de Mozart, les Sonates pour piano interprétées par Gieseking, que J. m'a rapporté de New York. J'en choisis un... Mais non : l'horreur de ce que j'ai entendu remplit encore la pièce. Cette musique du ciel n'est pas pour moi. Je suis comme un homme qui a pris part, sans le vouloir, à un crime et qui hésite à aller se livrer. »

Le gouvernement a été interpellé à l'Assemblée nationale en 1956. Une lettre ouverte a été adressée au président de la République. Elle est accompagnée de témoignages de soldats.

Tout le monde sait, on en parle dans les rédactions, on écrit des articles dans *Le Monde* et des livres, on débat au sein du gouvernement, au sein de l'armée, on se scandalise, et puis rien. Les éclairs de l'indignation, les mains sur le cœur, les plus jamais ça, pas après le nazisme, pas dix ans après la victoire des démocraties alliées, le monde a changé, la liberté a gagné, le respect des peuples, le modèle de notre République française, le pays des droits de l'homme, des résistants, l'humanité de nos soldats, rien, tout cela n'est qu'un paravent.

Et si l'égalité des droits, la liberté individuelle, le respect de la personne ne concernaient que l'homme blanc ?

Quand un homme blanc, Maurice Audin, jeune mathématicien, membre du Parti communiste algérien, est torturé à mort par des soldats français, l'indignation prend un nom. Un comité est créé. On enquête et puis le non-lieu est prononcé. Maurice Audin a disparu, il s'est « évadé ». En s'associant à la cause algérienne, il est devenu algérien, victime d'un crime sans importance.

Cette femme de la mechta dont Gilbert a entendu les cris mais dont il ne connaît ni le visage, ni le nom, cet homme sans nom de vingt ans, tous les deux sont là debout dans la même pièce. Ils l'observent.

Est-ce qu'ils auront le droit à un nom ? Une histoire ? Sont-ils condamnés à n'être que des fantômes ? Est-ce qu'ils ne sont pas aussi des sœurs et frères humains ?

Ils avaient espéré que les crimes seraient dénoncés publiquement.

Malika, la femme du pharmacien, cette femme qui criait, cet homme à la verge boursouflée sont ses nouveaux fantômes.

Dans un dossier à part, une quinzaine de fiches sont rassemblées, ce sont des comptes rendus d'interrogatoire de prisonniers.

Le 14 juillet 1959

Bulletin de renseignements

Objet : Interrogatoire de Salhi Aissa

Renseignement archives : né présumé en 1929 à Yabous, marié à Salhi Hadda Brahim

Emploi : joueur de hasard.

Carrière dans la rébellion

– Connaît une prison en secteur Nahia 112.

– Connaît l'emplacement exact.

– Connaît une infirmerie en secteur Nahia 112.

– Connaît une cache contenant des produits pharmaceutiques se trouvant dans la pharmacie.

– Connaît également la cache de ravitaillement de la pharmacie.

– A été entendu parler de la capture de 2 soldats français.

– Il sait que le colonel Had Lakhdar est parti en Tunisie il y a un mois et demi par mesure disciplinaire (a brûlé la barbe du lieutenant Hocine).

Interrogatoire de Oualha Ali, dit « Si Mohamed », infirmier rebelle.

– Aurait été enlevé le 13 juin 1958 à M'Sila par des terroristes alors qu'il se promenait à côté de la ferme de monsieur Fournier vers 15 heures.

– A passé 6 mois en prison dans une sorte de chambre souterraine (grotte aménagée).

Il y avait 4 gardiens.

– Hamdi Chérif, originaire de Saint-Arnaud, 28 ans

– Abdi Ahmed, originaire des Aurès, 23 ans
– Boufenzen, kabyle, 20 ans, allemand
– Djermoudi Mohand, originaire des Aurès, 34 ans

Je lis les rapports d'interrogatoire et je repense à cette phrase de Jean-Claude, l'ami de Gilbert, que j'étais retournée interroger chez lui :

– On soignait les prisonniers, on savait pourquoi. Ils étaient ensuite envoyés au 2e bureau pour être interrogés dans les conditions que l'on connaissait, mais dont on ne parlait pas.

Le dernier dossier lu au fort de Vincennes est très mince, il a pour titre : « Exactions de l'armée française 1959-1962 ».

Il contient deux rapports concernant des habitants de villages ayant porté plainte contre l'armée.

Au premier rapport, il n'est pas donné suite.

Sur le second rapport, une simple mention manuscrite : Laisser tomber ? Et la réponse, elle aussi manuscrite, dans une écriture différente, plus petite : Oui, il y a assez d'huile sur le feu pour le moment.

Face à la torture, il n'y a donc rien. « Laisser tomber », écrit-on.

Chacun reste avec sa douleur. Ici, il n'y a pas les mauvais d'un côté, les gentils de l'autre, les bourreaux et les victimes, il n'y a pas d'espoir auquel s'accrocher.

Gilbert est dans sa chambre d'officier, allongé habillé sur son lit.

Il va avoir trente ans, il est né dans un lit d'exil et de destruction, il a, enfant, survécu à l'exclusion et à la mort, adolescent, à la honte et encore à la mort, jeune homme, il est le soldat d'une guerre où chaque camp rivalise de terreur. Il tente de respirer comme il a appris à Orsay, de grandes respirations, une masse dure dans le ventre l'en empêche.

Il pourrait tomber dans le désespoir, et il résiste. Il ne sait pas pourquoi, mais au fond il y a cette vitalité miraculeuse qui le retient. Quelque chose lui interdit de tomber, peut-être le souvenir de tous ces morts trop jeunes qui l'ont précédé.

Il ne pleure pas sur son sort, la douleur entaille sa poitrine, sa bouche est sèche, le poids est si lourd qu'il ne peut se lever. On lui diagnostique non une dépression, mais une colite, il a droit à un mois de repos.

C'est à ce moment-là, en janvier 1961, car il ne voit pas d'autre solution à ce sentiment d'isolement qui l'étreint, qu'il décide d'épouser Hélène.

Cet espoir lui permet de se lever. Il pense à l'avenir, il se dit qu'avec beaucoup d'amour, il peut délivrer Hélène. Ici, en Algérie, il a échoué, mais là l'ennemi lui paraît être à sa mesure.

Le passé d'Hélène, celui de sa famille, il peut le deviner, il lui est familier. Il croit savoir, il ne sait pas tout. Il ne connaît rien de ses angoisses, de sa culpabilité, de ce qu'Hélène tait de l'anéantissement de sa famille, sur ce qu'elle a subi, elle.

Hélène ne lui dira jamais rien. La seule chose qu'elle peut exprimer, quand elle évoque le couvent où elle a été cachée durant l'hiver 1943, est une grimace de dégoût. Elle imite un crachat, et ce n'est pas son genre de faire des grimaces, encore moins de cracher.

Elle n'éprouve aucune reconnaissance pour ces religieuses qui voulaient sauver son âme, seulement de la colère. Elle ne supporte pas l'odeur des églises, celle des religieux la répugne. Ils sont sales, affirme-t-elle.

Elle a subi le froid, la promiscuité, la faim, la solitude, elle a eu peur, mais il y a autre chose qu'elle ne peut raconter. Son âme a été atteinte, il fallait la sauver, la convertir, mais aussi son corps. Elle ne dort pas, ses bras sont amputés, sa sensualité, sa tendresse sont refrénées.

Gilbert confie à son ami Jean-Claude, J'épouse mon amante et ma sœur. Il saura l'écouter et la comprendre. Il se promet qu'il sera fidèle, que c'en est fini des autres femmes, que cette fuite ne lui apporte rien, l'histoire avec la Grande Miss s'est terminée dans un drame, il veut ne jamais revivre cela, il quitte l'Algérie et il pense à Hélène, ses yeux verts, ses pommettes russes, ses poignets qu'il peut enserrer de deux doigts, son nez minuscule, sa douceur, sa pudeur, et ses craintes.

Il saura être patient.

Elle souhaite retrouver ce qu'elle a vécu enfant avec ses parents avenue de Friedland, il se promet qu'il travaillera dur pour lui offrir ce retour à la vie d'avant la guerre. Il ne partage pas ce rêve d'une vie bourgeoise dans un grand appartement parisien, mais il s'y pliera par amour.

Dans sa chambre d'officier à Sétif, il imagine le décor, une table de salle à manger ovale en marbre de chez Knoll, une chaise longue en poulain de Le Corbusier, une bibliothèque en acajou. Ils auront trois enfants, vivront au Quartier latin, il saura lui faire abandonner toute défense, Hélène sera enfin apaisée. Elle n'aura plus peur des autres femmes, elle arrêtera de pleurer craignant qu'il ne l'abandonne, car il n'aimera qu'elle.

Peut-être que quelque part il existe une vie sans douleur ?

Elle ne dit rien pour les religieuses, ce qu'elles ont forcé en elle. Elle ne dit rien sur ce qui est arrivé à ses tantes, à ses grands-parents, à ses cousins, Salomé et Kalman.

Lui ne dit rien non plus des listes de Périgueux, de Max dans *France-Soir*, du sang à Sétif.

Lui pense que l'on peut partir de zéro. Elle sait que sa vie n'est pas réparable.

Jean-Claude, son ami de Tunisie, lui a raconté les bains quotidiens de sa mère dans la Méditerranée, les lauriers-roses de leur jardin.

C'est sa dernière permission avant la quille, il propose à Pierre et Hélène de le retrouver en Tunisie, à Sidi Bou Saïd, et c'est un enchantement.

Il y a toujours cet étonnement qu'à côté du pire possible, en avril 1961, existe un lieu aussi bleu et doux.

Il se souvient des jours heureux, l'été 1944, en Haute-Garonne.

Oui, cela est possible.

Ils sont tous les trois, le frère et la sœur, Pierre, Hélène, et leur presque frère Gilbert.

Ils sont dans cette parenthèse ou dans un avenir qui pourra durer, ils ne le savent pas encore.

Ils vont se baigner à Tunis. Hélène porte un maillot de bain une pièce en vichy, des lunettes de soleil à monture en métal doré, elle a vingt-huit ans, elle n'a jamais nagé dans la Méditerranée. Gilbert et Pierre non plus.

Ils découvrent cette eau claire qui purifie tout. Hélène ne sait pas plonger, elle glisse dans l'eau, pour la première fois elle n'a pas peur de ce qui découvre son corps, caresse ses chevilles, ses cuisses, son ventre, ses bras. Elle ne connaît que les vagues véhémentes de l'océan Atlantique. Ici, aucune violence, aucun effort, cela est si facile, même si elle n'ose pas, comme Pierre et Gilbert, faire la planche, elle les regarde avec admiration se laisser porter. Elle garde les pieds sur le sable, avance, esquisse quelques mouvements de brasse, l'eau est fraîche sur ses bras, elle éclate de rire.

Elle va épouser Gilbert et il lui semble que de cette cellule de couvent, où elle est enfermée depuis 1943, le soleil, l'eau, la lumière emportent tout. Une porte s'entrouvre.

Et ce souvenir heureux, elle l'évoquera, bien plus tard, les maisons aux formes blanches et rondes, les reflets dorés sur l'eau, l'amour partagé. Le souvenir de son corps lustré d'eau, de soleil et de désir, est éternel, il n'est pourtant qu'un moment éphémère.

Gilbert rentre en France avec cet espoir, mais sans joie, avec un sentiment de résignation, il a soigné, il n'a pas fait de mal, il va épouser Hélène, mais il n'y a rien, croit-il, à transmettre, pas de leçon, pas d'expérience, de souvenir, de ces vingt mois en Algérie, comme de toutes les souffrances passées.

– Il ne faut pas parler des choses qui fâchent, répétera-t-il à ses enfants.

Une nouvelle vie commence.

5

La mort et la beauté

Une porte de bois peinte d'un blanc brillant, comme celle d'une maison anglaise, que l'on atteint après trois marches de pierre. Ce sont les anciens communs d'un hôtel particulier du XVIIe siècle sis sur les quais face à Notre-Dame.

Une longue pièce dont les trois grandes fenêtres ouvrent sur une vaste cour pavée ornée, d'une manière un peu prétentieuse, d'orangers plantés dans des caisses de bois sombre. Le sol est recouvert d'une moquette crème, sans aucune tache, signe qu'aucun enfant ne vit ici.

Deux canapés tapissés d'une flanelle très claire, eux aussi immaculés.

Une table basse entièrement incrustée de coquillages perlés de gris et de rose. Une chaise longue en poulain dessinée par Le Corbusier. Un mur est recouvert d'une bibliothèque en poirier aux douces veines jaunes. Des romans de Singer publiés dans la collection Cosmopolite de Stock, dont la couverture rose tranche avec les autres livres. Un rayon est consacré aux ouvrages de chirurgie. Enfant, il m'arrivait de les consulter pour découvrir avec dégoût des images sanguinolentes.

Pierre m'avait conseillé de relire *Les Choses* de Perec afin de saisir le désir de Gilbert que mon oncle jugeait « agaçant » pour les belles choses.

Dans le premier chapitre, Perec décrit l'appartement rêvé du couple Jérôme et Sylvie, le fauteuil club de cuir fauve, les lampes en opaline offrant une lumière rose et dorée, le bon goût des années 60, le rêve d'une vie riche et confortable où tout glisserait dans une plénitude sans heurt, sans mauvais souvenir. L'appartement du quai de la Tournelle est ce rêve-là au début des années 80. Le raffinement de chaque objet a le don de rendre vieillot, encombré, l'appartement de la rue du Val-de-Grâce, où sont élevés ses enfants. Chaises de salle à manger aux montants en châtaignier tourné à l'assise en velours orange foncé d'un tableau de Bacon, faïence jaune provençal, salle de bains de marbre gris, savon Roger Gallet parfumé dans son papier de soie plissé, un grand flacon de « Pour un homme » de chez Caron à l'odeur désaltérante de lavande, le nécessaire de toilette rangé dans une trousse de cuir grainé, l'épais peignoir en éponge gris perle. Tout paraît prêt à être photographié pour illustrer « l'appartement de l'homme raffiné » version 1980.

Dans un tiroir d'un petit meuble en miroirs 1930 sont rangés une crème hydratante de chez Guerlain dans un pot en verre bleu, un flacon de Mitsouko, deux soutiens-gorge en soie puce ourlés d'un fin ruban de dentelle noire, culottes échancrées assorties.

Un matin, de retour de vacances aux États-Unis, je demande à ma mère où est mon père, elle me répond, Il est chez lui. C'est ainsi que je découvre que mon père vit désormais la moitié de la semaine chez lui, quai de la Tournelle, le vendredi soir avec nous, rue du Val-de-Grâce, le week-end à Chevreuse. Il nous répétait :

– Il ne faut pas parler des choses qui fâchent.

Il tente de construire ici cette vie rêvée qu'il n'a pas réussie dans l'appartement familial, avec ses erreurs, ses tâches, ses ennuis, ses larmes, ses chasses d'eau mal tirées, le sang, le passé, les absents, les morts, les silences, les angoisses, qui débordent de partout malgré les efforts insensés de Gilbert et Hélène pour les combattre. Le grand appartement, vestibule aux murs émeraude, salle à manger rose, salon argenté, couloir bleu nuit, cuisine vert d'eau, salle de bains pourpre, salle de bains orangée, chambres bleu roi, bleu-gris, bleu-mauve, bleu ennui, n'offrent plus aucun abri, chaque pièce, tiroir, meuble, est plein de ce qui n'est pas dit, de tous ces morts sans tombe. Impossible de colmater les peurs des enfants, les plaintes de Paulette, les cauchemars des nuits au couvent d'Hélène, la tristesse d'Hélène, la solitude d'Hélène. Hélène ne peut pas prendre ses enfants dans ses bras, les couvrir de baisers et d'amour, elle les aime tant, sans pouvoir le montrer.

Ici, dans cet appartement à l'épaisse moquette crème, Gilbert espère trouver l'apaisement pour ses dernières années. Le raffinement comme guérison.

Acheter ce qui est beau, collectionner le sauve.

Un de ses premiers achats est un bas-relief roman. Pour un mois de son salaire de jeune médecin, il s'offre une pierre sculptée représentant deux tisserands face à leur métier.

Il lit dans sa chambre, une grande pièce très douce malgré l'impressionnante hauteur sous plafond, une fenêtre donne sur Notre-Dame qu'il peut apercevoir de son lit, l'autre à sa droite s'ouvre sur une vaste cour pavée. Il possède un des tout premiers magnétoscopes, il s'est allongé tout habillé, n'a retiré que ses chaussures, il n'entend plus Glenn Gould jouer les partitas de Bach, il lit. Il est emporté dans un ailleurs, pourtant familier, dans lequel il se sent à sa place.

Un intime lui parle d'expériences qu'ils partagent, la guerre, l'amour, les origines. Il lui parle en vérité, sans maquillage, il est sincère comme lui ne peut l'être de peur de se détruire.

Les livres qu'il relisait constamment et qui ont le plus influencé sa façon de penser et d'être au monde étaient *L'Établi* de Robert Linhart et *Tristes tropiques* de Claude Lévi-Strauss.

Je les relis, à mon tour, en cherchant la voix de mon père.

Jeune homme, il a lu Claude Lévi-Strauss puis Robert Linhart, les a relus et a reconnu dans leurs mots des adresses personnelles. N'est-ce pas ce que nous vivons quand nous lisons, la reconnaissance d'une voix humaine qui nous parle ? Un être humain d'un autre siècle, d'un autre monde, nous donne de nos nouvelles, nous comprend sans nous juger.

La littérature nous a sauvés et nous a aussi protégés de ceux qui jugent sans comprendre.

Il lit une première fois *Tristes tropiques* à sa sortie en 1955, il a vingt-trois ans, c'est alors le livre que tous autour de lui lisent, un best-seller.

Claude Lévi-Strauss est un ethnologue qui n'est pas encore reconnu. Il a échoué deux fois à l'entrée au Collège de France. Il publie dans la nouvelle collection « Terres humaines » ce récit, autobiographie où il raconte son parcours, mais aussi ses recherches afin de trouver sa place en dehors de celle assignée à un jeune normalien, philosophe de formation. Il justifie son refus de l'ennui et de la répétition : « Mon esprit présente cette particularité, qui est sans doute une infirmité, qu'il m'est difficile de le fixer deux fois sur le même sujet. »

Gilbert n'en revient pas qu'un aîné, Claude Lévi-Strauss a vingt ans de plus, un universitaire sage, reconnaisse son impatience, son incapacité à toute sérénité, à sa peur d'être là, impassible, son inquiétude de rater ce qu'il y a à vivre.

Quand Lévi-Strauss décrit les étudiants en médecine, il évoque « des adolescents prématurément vieillis, discrets, retirés, habituellement à gauche et travaillant à se faire admettre au nombre de ces adultes qu'ils s'employaient à devenir ».

Il le décrit lui, l'adolescent vieilli et discret, cherchant à se faire admettre, mais aussi inquiet et désireux de connaître et de vivre entièrement. *Tristes tropiques* ne le rassure pas sur l'état du monde, au contraire il y reconnaît ses tourments.

Dix ans après la fin de la guerre, une troisième guerre mondiale, une guerre nucléaire, encore plus destructrice, semble possible. Les progrès techniques, le développement économique de ces années 50 qui pourraient le rassurer, lui offrir une sorte de protection optimiste, le passé était atroce mais l'avenir sera beau, Claude Lévi-Strauss lui écrit pour lui dire qu'il ne doit pas y croire. La croissance et le progrès ne sont que des signes supplémentaires de destruction de notre civilisation. Ce que l'on peut désigner comme des avancées de la science, de la médecine, de la mécanisation, de la fin du travail manuel ardu, nous conduit vers la dévastation de nos richesses, de nos cultures, de notre faune et de notre flore, de notre diversité humaine.

Alors qu'on glorifie la supériorité occidentale, qu'on se félicite des découvertes, que l'on justifie alors la colonisation, Lévi-Strauss lui apprend à se défier de ses croyances dans un monde de progrès qui irait « vers l'avant ». Il dévoile les dévastations qui conduisent vers d'autres dévastations.

Gilbert lit et reconnaît ce qu'il a vécu enfant et adolescent, mais dans cet ouvrage il reconnaît autre chose qui lui plaît, l'encourage, le charme.

Nous allons vers notre perte, il nous faut décrire et vivre la grâce de notre monde tant qu'il en reste des traces. Le pourpre d'un lever de soleil, les arômes suaves d'un fruit de la passion, l'« ivresse olfactive » ressentis à l'arrivée en Amérique par l'océan, il reconnaît la fraîcheur verte de l'Arnette, la rivière dans laquelle il plongeait les deux bras jusqu'au coude, fouillant sans peur les pierres gluantes afin d'attraper des truites.

Tristes tropiques est son manuel, Claude Lévi-Strauss lui accorde l'impatience, la curiosité, l'inquiétude, le désir, la beauté et sa perte.

Il faut observer et voyager, Gilbert répétait à ses enfants, Il faut vous créer de beaux souvenirs, reconnaissant que ce qui est bon et beau ne peut durer.

Ce qu'il lit avec le plus d'avidité, espérant trouver une solution à ses tourments, à ce qu'il a vécu jusqu'à présent, cette vie où tant autour de lui sont déjà morts, c'est ce chapitre qui a pour titre « Les vivants et les morts ».

Comment vivre avec eux, qu'ils nous laissent libres, qu'ils nous protègent, qu'ils ne nous fassent pas de mal ? Comment respecter ce qu'ils ont été et nous en affranchir ? Comment vivre sans eux ? En dehors d'eux ?

Quand il lit le livre de Lévi-Strauss pour la première fois, son père, Majer dit Max, est mort depuis six ans. Un homme séduisant et si peu respectable, un homme d'argent et de petits trafics, un homme aimant et si peu fidèle, un exilé, un homme sans morale, sans loi, un survivant, un père adorant son fils, comment en être le fils et l'héritier, comment lui survivre, comment l'aimer alors que sa manière de vivre, dénuée de toutes règles, avait apporté tant de souffrance et de solitude à sa propre mère ?

Il pense à sa mère Paulette et à sa femme Hélène.

Gilbert espérait trouver là une réponse. Lévi-Strauss ne lui en apporte aucune. Il décrit différents systèmes pour enterrer ses morts et rappelle que ces systèmes ne sont qu'une manière de tenter de mieux vivre avec ses vivants.

Pierre s'agaçait de la manière qu'avait son ami Gilbert de tenter de trouver des solutions matérielles, techniques aux catastrophes intimes.

À ses morts, à son père, dont il espérait toujours la présence, une forme de protection solide, dont il avait été dénué de son vivant, il fallait qu'il renonce, il n'obtiendrait jamais ce qu'il n'avait pu lui donner.

Il était incapable de se résigner à cela. Il fallait donc qu'il continue de subir et de se conformer à la vie de son père par une sorte de fidélité à sa mémoire, il serait infidèle.

Pour le reste, il se jure d'être un bon père, un ami généreux, de garder toutes ses femmes sans jamais divorcer.

Pour se justifier, il citait la polygamie chez les Indiens Nambikwara, cet équilibre, une première épouse et mère des enfants, une deuxième camarade de jeu, qui devrait être celui de tout homme si notre société était moins rigide.

Il s'était réjoui en lisant la description dans *Tristes tropiques* de cette heureuse union à plusieurs, les femmes vivant « en bonne intelligence », « sans aigreur », la première femme travaillant tandis qu'elle entend « les éclats de rire de son mari et de ses petites amoureuses [et] assiste même à de plus tendres ébats ». Il avait lu ce passage à sa fille adolescente.

Il s'était appuyé aussi sur les chiffres de la démographie au Moyen Âge. On se mariait à quinze ans, on mourait à vingt-cinq ans. Un mariage ne devrait pas durer plus d'une dizaine d'années.

Hélène avait tout accepté, elle l'aimait et aimait tout chez lui, même la souffrance qu'il lui imposait. Il était son seul et unique amour, elle l'aimerait entièrement, fidèlement, jusqu'à sa mort, après sa mort.

Avait-il conscience de cela ? Avait-il lu avec attention le chapitre suivant où Lévi-Strauss décrit le déséquilibre induit par ces unions polygames ? Les chefs gardent pour eux de nombreuses jeunes femmes, qui ne se marient pas, n'auront pas d'enfants, quand les jeunes gens, eux, restent célibataires.

Gilbert confond la contemplation d'un profil, le plaisir d'une peau douce et nouvelle, la séduction d'une femme à l'âme mystérieuse pour la seule raison qu'elle est inconnue, avec la vie même, alors qu'il ne s'agit que d'une fuite.

Quand *L'Établi* de Robert Linhart est publié en 1978 aux Éditions de Minuit, Gilbert est un homme heureux, accompli. Il a le sentiment d'avoir réussi, d'avoir repoussé le passé au plus loin, qu'il n'existe plus, qu'il est dans une vie nouvelle.

Une femme aussi belle, douce, froide, qu'inquiète l'attend avec leurs trois enfants, blonds, les yeux clairs, trop gâtés dans un grand appartement où la seule consigne est de ne jamais parler de ce qui fâche. Grâce à ce silence, tout est beau, les boiseries émeraude de l'entrée dont les pans sont recouverts d'un papier anglais mordoré, les meubles de boulangerie XIXe qui abritent pêle-mêle un bas-relief roman, un bronze de Robert Couturier et un moulin à café.

Il conduit un coupé BMW couleur bronze qui l'emmène le vendredi soir dans sa maison de la vallée de Chevreuse, qu'il vient de faire rénover par un jeune architecte, le sol est désormais recouvert d'une mosaïque vert d'eau, ocre, vieux rose, grenat, azur, qui semble avoir été dessinée par cette styliste italienne qu'il apprécie tant, Rosita Missoni.

Il offre à sa femme, et à sa maîtresse, des pulls colorés, dont le prix égale un SMIC, il leur choisit des couleurs différentes. Vert amande, bleu pour sa femme, des rouges mêlés de noir pour son deuxième amour. Lui, commande des chemises sans col sur mesure, des vestes en cachemire sans doublure que l'on porte aussi facilement qu'une robe de chambre.

Il est de gauche, il fait campagne pour le Programme commun et il lit *L'Établi* de Robert Linhart. L'ancien étudiant en philosophie de 68 y décrit de manière précise, juste et sans effets, odeurs, bruits, sensations physiques, morales, le travail d'un OS à la chaîne dans l'usine Citroën de la porte de Vitry, les hiérarchies. Noir vous êtes Manœuvre 1, arabe, Manœuvre 2, blanc, Ouvrier Spécialisé, quelles que soient votre qualification et votre expérience. L'ouvrier inhale de l'étain, il ne respire plus, sa peau se couvre de boutons, l'autre est gazé par les projections de peinture, un troisième développe des allergies au caoutchouc, son pouce se couvre de boursouflures sanguinolentes, certains deviennent sourds à cause des sous-presses. Le médecin du travail est vendu, son ambition est qu'il y ait le moins d'arrêts maladie possibles. Système injuste dans lequel on ne peut que perdre. On perd son corps, abîmé par la répétition, la fatigue, les mauvais traitements. On perd aussi son âme, on ne peut plus réfléchir. On tente pourtant de trouver un espace pour soi, qui rétrécit chaque jour. La peur de se laisser couler, de perdre le rythme de la chaîne, l'angoisse du temps qui passe sans pouvoir le contrôler.

Il n'est plus dans sa chambre du quai de la Tournelle, mais à l'usine Citroën de la porte de Vitry. Ici tout est gris, sale, bruyant, il faut lutter dans les interstices. Dans la manière de se tenir et de s'entraider, de se doucher et de s'habiller après le travail, de dire non aux décisions arbitraires.

En face, ils sont beaucoup plus forts, ils demandent toujours une cadence plus soutenue, réduisent la pause d'une minute, allongent la journée de travail de vingt minutes. C'est un combat qu'il faut mener pour rester humain.

Il souhaite la victoire des ouvriers, il espère, il a peur que la machine des contremaîtres pour anéantir la grève ne soit plus forte, il aimerait être là, soigner ceux qui en ont besoin, c'est-à-dire tous, poser la main sur des ventres tendus de douleur, recoudre des blessures aux doigts, faire passer des radios des poumons, signer des arrêts maladie, envoyer à l'hôpital ceux qui ont trente ans, quatorze ans d'usine et en paraissent cinquante, qu'ils se reposent, qu'ils reprennent des forces, qu'on leur offre une formation, un métier décent, un salaire. S'il faut des ouvriers à la chaîne, alors qu'ils soient traités avec respect. Il est naïf, il croit à la victoire du bien sur le mal alors qu'il sait, puisqu'il l'a vécu, que la part d'inhumanité, d'indifférence à la souffrance d'autrui, est permanente. Mais là, dans son lit, entouré d'objets choisis, un tapis marocain à l'épaisse laine crème zébrée de noir, une lampe en opaline rose, un escalier-bibliothèque en acajou trouvé aux puces de Londres, il veut croire à la victoire des grévistes emmenés par Robert Linhart. Son cœur s'agite, il sent qu'en face, non le patronat mais d'autres petits, contremaîtres, petits chefs blancs croyant détenir un pouvoir, être au-dessus quand ils sont méprisés par les véritables patrons, se trompent de camp, humilient, mentent, manipulent, alors qu'ils ne sont que d'autres victimes du même système. Leurs salaires, leurs conditions de travail sont à peine supérieurs, ils subissent les mêmes peurs et angoisses, ne pas faire les bons chiffres, perdre la cadence, se voir reprocher les mêmes choses inutiles, la moindre éraflure, sur un capot, l'absence d'un ouvrier.

Robert Linhart décrit l'homme qui l'a le plus marqué lors de ces mois passés à l'usine. Il s'appelle Ali, il est marocain, un homme très grand, puni comme lui car il refuse l'augmentation du temps de travail et continue de quitter la chaîne aux anciens horaires. Il a grandi dans un village colonisé où la viande allait au chien du colonel français, et jamais à l'enfant qu'il était. Interrogé par Robert Linhart, pour Ali, le mal est juif, le contraire de ce qui doit être. Juif ça veut dire « C'est pas bien, il faut pas le faire. » Robert Linhart tente de le convaincre, « Je suis juif moi-même. – Impossible, répond Ali. Toi tu es bien. Juif, ça veut dire quand c'est pas bien. » Impossible de le convaincre. Robert Linhart ne revit jamais Ali, il apprit qu'il avait été envoyé à l'usine de Javel pour nettoyer les toilettes.

Comment penser l'humiliation vécue par les musulmans, la colonisation des pays arabes, le sionisme, la peur du retour de l'antisémitisme, l'antisémitisme qui se fond dans l'antisionisme, l'antisionisme qui n'est qu'une forme nouvelle de ce qu'il a déjà vécu, comment penser ce qui se contredit, victime et bourreau à la fois, lui comme Ali, lui qui a combattu dans l'armée française en Algérie, a été favorable à l'indépendance de l'Algérie, a été victime des lois raciales de Vichy, qui défend Israël, Ali, victime de l'armée française, du patronat français, pour qui le juif est le mal ? Comment se sortir de cela ?

Gilbert est dans son lit et il est pris dans une nasse de nœuds serrés, de cordes dont il ne peut se dégager. Qu'est-ce qui serait juste ? Comment penser, de son point de vue de juif qui s'en est sorti, l'ouvrier musulman qui ne s'en sortira jamais ? Il ne voit pas de porte, pas de solution, le dialogue est inutile, il n'y a que de l'injustice, de la malchance, de l'incompréhension.

Lui qui se sentait si bien, étouffe d'une angoisse à laquelle il pensait avoir échappé depuis longtemps et qui lui est familière. Il referme le livre et téléphone à son nouvel amour. S'il allait manger des huîtres à La Closerie des Lilas, retrouver Monique, tenter d'échapper à la nasse de l'iniquité. Il se réveille à 4 heures du matin, ne peut se rendormir et reprend la lecture de *L'Établi*, car il n'a pas le choix. Son estomac est si lourd, une brique prend toute la place, son sang ne circule plus, il tente de reprendre sa respiration, il lit, il ne sait pas ce qu'il espère le plus, s'oublier dans cette lecture ou se retrouver à travers la description d'une condition à laquelle il a échappé, il a réussi, il suffit d'allumer la lampe Tizio à côté de lui pour le voir, il suffirait de pas grand-chose pour tout perdre à nouveau et retourner dans les faubourgs de Périgueux.

Et quand Robert Linhart est licencié de l'usine Citroën, presque un an après avoir été embauché, il est soulagé. Il se rendort dans un sommeil peuplé d'Ali et de Kamel, de Mouloud et de Primo, ces émigrés comme son père et sa mère, ces exilés qui sont sa famille.

Il a du mal à s'endormir dans ce lit aux draps de percale, seul ou amoureux, il est seul avec ses tourments. Rien ne le rassure. Il attend une nouvelle catastrophe. Elle ne vient pas. Les guerres sont lointaines, ne lui appartiennent pas, elles restent des sujets de conversation sur lesquels on s'apitoie, on s'exclame, et puis on passe à des sujets plus faciles, François Truffaut, Peter Handke, le Parti socialiste.

Il croit l'heure de la « formidable plénitude » venue, enfin il serait heureux.

Il est arrivé, il s'est construit un monde loin du passé, un monde nouveau, moderne, élégant et il suffit de rien, l'éclat de voix d'un crieur de journaux, celui d'un touriste allemand qui cherche son chemin, pour que son monde tranquille se brise.

Sur une ordonnance au nom du Dr G. Schneck, stomatologie, chirurgie maxillo-faciale, l'adresse est barrée d'un trait à l'encre bleue. Au-dessous, la date, le 21 décembre 1972.

Chère maman,

J'ai été touché, plus qu'habituellement, par le paquet que m'a apporté papa Eugène, tout à l'heure, et puis ton petit mot.

Il me semble même que, bêtement, l'émotion est allée de sa petite larme.

C'est moi, c'est toujours sur soi que l'on s'attendrit et l'évocation de mes quarante ans, les tiens, les miens y ont été pour le reste.

C'est pour moi aussi que, cette année, l'inquiétude commence à montrer son nez et invite aux bilans. Ce n'est pas sans raison que j'ai périodiquement depuis plusieurs mois l'envie de te parler, de te faire parler, ce devrait être possible à présent, à nos âges, pour nos instructions personnelles, sans la gêne ou l'irritation ou la défense des yeux trop jeunes...

Je souhaite que nous y arrivions cette année.

Merci encore très fort et très fort à vous deux, Gilbert.

Gilbert et sa mère ne se parleront jamais.

Le sang, les excréments, la peur, peuvent continuer tranquillement leur chemin, salir les murs, la moquette crème, l'épais peignoir d'éponge, rien ne les arrête.

Il ne peut retenir la douleur qui enserre son cœur et le détruit.

Je suis admise à Sciences Po, le bouquet de pivoines blanches et rosées qu'il m'offre est si gigantesque que j'aperçois à peine son visage à travers les centaines de pétales.

Il me dit combien il est fier. Je suis invincible. Je veux être écrivain, ministre, réalisatrice, commandante en chef, vivre de nombreuses amours. Il est d'accord pour tout.

Il doit se faire opérer, ce n'est rien. Je le crois, je l'ai toujours cru. Rien ne peut nous arriver.

Nous sommes en novembre 1989.

Le matin, je fais semblant d'avoir une vie normale, j'assiste au cours. Alfred Grosser, le grand spécialiste de l'Allemagne, l'exilé juif de sa terre allemande, qui œuvre à la réconciliation entre ses deux patries, raconte ses nouvelles espérances. Le mur de Berlin est tombé, la démocratie triomphe. Le philosophe et économiste américain Francis Fukuyama évoque la fin de l'Histoire. Nous sommes arrivés dans ce monde nouveau, libre, démocratique. J'aimerais raconter à mon père qu'il a eu raison de croire.

Il est dans le coma depuis son opération. Tous les après-midi, je lui dicte à voix basse ce que j'ai appris le matin, j'imagine ses remarques enthousiastes.

Il se réveille en janvier 1990, il fait semblant de m'écouter. Il a une autre bataille à mener, pour sa survie. Il ne souhaite que cela, vivre.

Cela dure six mois. Je n'ai aucun doute, il va s'en sortir. Il me dit au revoir, il me parle, je ne comprends pas, je me souviens de son dernier regard, celui d'un enfant triste derrière la vitre d'une ambulance, un regard que je n'ai jamais vu chez lui, j'agite la main dans un grand mouvement, je souris, comme il m'a appris à le faire.

Après, je reste figée, cela dure vingt-cinq ans, je fais semblant, je rejette tout ce qui pourrait ressembler à de l'amour et qui n'est pas mon père.

Il est mort, il avait cinquante-huit ans et moi vingt-trois, je n'avais plus le droit à rien, je suis devenue une fille moyenne, j'attendais qu'il revienne, ma vie amoureuse en miettes. Je ne savais pas être aimée.

Il y a très peu de temps, j'ai accepté qu'il était mortel, faillible et infidèle.

Papa est mort le 17 juin 1990, je le sais maintenant.

C'est Pierre qui m'avait aidée à retrouver Catherine.

Grâce au nom de son mari, réalisateur de la Nouvelle Vague, mort deux ans auparavant. Elle exerçait, sous son nom d'épouse, comme médecin psychiatre en banlieue parisienne.

– Une femme très indépendante, très belle qui les fascinait tous.

Pierre l'avait rencontrée en 1969, chez des amis communs, puis Gilbert avait fait sa connaissance, un an après, chez Pierre. Il était très amoureux. Je venais de naître.

Pierre avait participé à un week-end de stage d'informatique à la faculté d'Orsay, Gilbert avait demandé à Pierre de l'inscrire non pour suivre la formation, mais pour bénéficier d'une chambre afin de retrouver Catherine. Pierre n'avait pas posé de questions et avait trouvé une chambre libre pour Catherine et Gilbert.

Une clause du pacte de Sidi Bou Saïd.

Catherine n'était pas surprise, comme si elle s'attendait à mon coup de fil. Elle m'a proposé de la retrouver chez elle pour le déjeuner.

C'était la première fois que je sortais de chez moi sans attelle sur la cheville après des semaines immobiles à cause d'une entorse. J'ai traversé la Seine à vélo, j'allais vite, devant moi tout était dégagé, simple. J'avais le sentiment d'une grande liberté. J'ai pensé lui acheter des fleurs puis me suis ravisée. C'était trop. Je pensais à ma mère, à sa tristesse et à sa solitude.

Catherine a ouvert, on s'est embrassées, à peine embarrassées. Elle a prononcé ces trois mots, ou alors c'était moi ? Je ne sais plus, nous étions toutes les deux d'accord :

– C'est bizarre.

Cela était suffisant pour se comprendre. Pas la peine d'ajouter des mots compliqués.

Elle a remarqué que mon pied gauche était un peu gonflé.

Elle m'a demandé si je connaissais l'étymologie d'Œdipe.

– Œdipe signifie « pied gonflé ». Pour ne pas que l'enfant tue son père et épouse sa mère, on lui a attaché la cheville gauche. Son pied a gonflé.

Elle a souri sans conclusion définitive sur mon pied, la relation avec mon père et ma présence chez elle.

Son appartement était petit, clair, simple.

Il y avait une étonnante limpidité dans ses propos.

Elle avait vingt-huit ans, venait de terminer ses études de médecine, avait divorcé d'un premier mari, elle était libre.

Elle avait des souvenirs précis et heureux de leur histoire d'amour. Cela a duré quatre ans. Elle l'accompagnait quand il partait opérer à l'étranger, elle jouait le rôle d'assistante opératoire et cela l'amusait beaucoup.

Il l'avait aidée à décorer son appartement, un mélange de meubles très modernes scandinaves et anglais en acajou. Elle a gardé une petite bibliothèque tournante, un fauteuil, un foulard en soie qu'elle m'a offert et que j'ai longtemps regardé en l'écoutant parler.

C'était un foulard de petite taille que l'on peut glisser dans la pochette d'une veste. Il le nouait autour du cou. Un foulard de soie glissé dans la pochette d'une veste était un signe de décontraction trop « bourgeois français » pour lui.

Sur un fond mauve passé, un assortiment de fleurs. De petits pavots à quatre pétales du même mauve se détachent par leur contour d'un trait pourpre.

À chaque angle sont posées de longues pivoines. Leurs tiges amande sont agrémentées de feuilles de ce même rose éclatant. La fleur de pivoine est d'un bleu vif (bien que passé avec le temps) au contour d'un bleu à peine plus foncé. Des fuchsias sont disposés dans les entrelacs de ces bandes. Des pétales bleus surmontés de clochettes roses, avec deux sortes de tiges, roses feuillues et fines d'un marron rosé.

Au centre du foulard, six pivoines aux pistils fuchsia et marron sur fond bleu encerclées d'un large trait fuchsia. Dans un coin, deux étiquettes. La plus petite est noire, sur laquelle on peut lire en blanc :

Hand Printed 100 % pure silk

Et en jaune :

Made in India.

Sur l'étiquette, légèrement plus étroite, en lettres noires :

MOHANJEET, 12 rue Jacob, Paris 6e.

– C'était le début des années 70. Nous vivions dans un monde enchanté et nous en avions conscience. Votre père avait beaucoup de goût. Cela ajoutait à la beauté de nos moments ensemble.

– Vous parliez de son passé ?

– Il ne parlait jamais de son enfance pendant la guerre, il ne parlait jamais de son père. J'ai appris par Pierre ce qui s'était passé.

– Et vous ne posiez pas de questions ?

Catherine rit.

– Ce n'est pas mon genre.

– Vous étiez donc la femme parfaite pour lui.

– J'ai un souvenir très heureux de cette période. Il avait un don extraordinaire de rendre la vie belle, il trouvait toujours le plus beau parterre de fleurs dans un jardin, le tableau le plus intéressant dans un musée. Il était toujours très optimiste. La vie devait être une aventure merveilleuse.

J'ai alors raconté à Catherine un souvenir chéri avec mon père.

J'ai quatre ans et dans la bouche un bout de croissant bien mâchonné. Il m'avait offert ce croissant, j'avais trop faim pour attendre l'heure de déjeuner :

– Ce n'est pas très raisonnable. On ne dira rien à maman.

J'avais envie de lui faire plaisir alors j'ai retiré un morceau de croissant de ma bouche, un gros morceau bien mouillé de salive et je l'ai tendu vers sa bouche.

Il a avalé avec un grand sourire mon morceau de croissant tout mâchonné et m'a remerciée.

Quarante-quatre ans après, je me souviens de la manière dont il a accepté ce don, a avalé mon morceau de croissant bien dégoûtant, avec un grand sourire comme s'il s'agissait de la chose la plus normale qui soit, comme si ce morceau était délicieux, car il avait compris combien je me sacrifiais pour lui et ce don était très important de la part de sa petite fille de quatre ans encore affamée.

Il répétait :

– C'est important de se créer de bons souvenirs.

Catherine est d'accord.

– Et cela ne vous gênait pas qu'il refuse d'évoquer le passé, les soucis, ce qu'il nommait « les choses qui fâchent » ?

– J'étais jeune. J'avais l'habitude d'hommes comme Pierre, ton père, qui ne parlaient pas d'eux-mêmes. Des intellectuels avec qui on débattait d'idées, de l'avenir. Jamais du passé et d'intimité. Pourtant, la psychanalyse était *le* sujet de conversation. Votre père s'intéressait beaucoup à la psychanalyse en tant que théorie, mais sans penser qu'il aurait pu la mettre en pratique pour lui-même. Il se demandait, Est-ce qu'on peut découvrir quelque chose qu'on ne sait pas sur soi ? Pour lui-même, il maîtrisait tout.

– Vous ne souffriez pas qu'il soit marié avec une autre ? Il était amoureux, mais il aimait aussi ma mère.

Il m'est arrivé de connaître cette situation à une époque où j'estimais que je ne méritais pas davantage d'amour.

– Il parlait de votre mère, peu, mais avec beaucoup d'admiration et d'affection. Quant à moi, non, je ne souffrais pas. J'ai eu une vie très heureuse, je considère que j'ai eu beaucoup de chance, j'ai aimé, j'ai été aimée en retour. Peut-être parce que je n'ai ni ambition, ni imagination. Je ne pouvais avoir d'autre ambition avec votre père. Il était marié, sa famille pour lui était essentielle. La question d'un divorce ne se posait pas. Je ne pouvais même pas l'imaginer. Quand nous étions ensemble, il était entièrement présent. Oui, il était très amoureux, très bienveillant. J'avais le sentiment d'être unique, je savais aussi ne pas demander ce que je ne pouvais obtenir. Il se donnait beaucoup de mal pour que les moments ensemble soient merveilleux, pour générer des souvenirs extraordinaires, pour qu'il reste de belles choses, j'espère qu'il a reçu aussi. Nous avons été heureux ensemble. J'ai quitté ton père car j'ai rencontré un homme avec lequel j'ai eu envie d'avoir des enfants. Ce que nous avons fait, deux garçons, nous avons été mariés quarante ans, il est mort il y a trois ans. Il était très âgé, il avait plus de quatre-vingt-dix ans, c'était dans l'ordre des choses. Je n'ai jamais revu ton père, j'ai appris sa mort plusieurs années après. Avec ton père, nous avons été heureux. Il m'a beaucoup donné, j'espère lui avoir donné aussi le goût du bonheur.

Catherine déroule ainsi les faits avec calme, les événements arrivant les uns après les autres, rencontre, désir, amour, séparation, mort, comme s'ils se succédaient évidemment, sans trop de heurts, dans un ordre logique, un ordre qui l'aurait menée à soixante-quinze ans vers une vie complète, heureuse dans cet appartement clair de la rive droite.

Je réponds à Catherine qu'au contraire d'elle, j'ai toujours eu trop d'ambition et d'imagination. J'avais le sentiment, grâce au regard de mon père, que cette ambition sans limites était justifiée. Je voulais être danseuse étoile, lire n'importe quoi toute la journée, écrire la biographie de Napoléon, il m'encourageait. Je pouvais m'imaginer un avenir brillant grâce à lui.

Son amour n'avait pas de limites. Il m'offrait un manteau beaucoup trop cher, des sandales italiennes, le collier en or qu'il destinait à ma mère. Ce n'était pas bien.

Un matin de mes sept ans, je lui déclarai que je n'aimais pas sa moustache. Il se leva de table et revint plusieurs minutes après, la moustache rasée. J'éclatai en sanglots.

C'est trop.

L'amour qu'il me portait n'était pas raisonnable. Offrir un bijou à sa fille, destiné à sa femme, se raser la moustache à sa demande, un délice pour un psychanalyste.

J'aurai bientôt l'âge de mon père, je le regarde avec amour et tendresse, nous sommes presque égaux aujourd'hui. Je pourrais lui dire, Je t'aime et je ne suis pas toujours d'accord avec toi. D'une certaine manière, je suis plus libre qu'il ne l'était.

Au début de notre histoire d'amour, j'ai eu peur. Il était si différent de mon père, si fidèle et si grand, je faisais des cauchemars où je le trompais. Hélène avait aimé Gilbert, toute sa vie, entièrement, fidèlement, alors que lui, Gilbert, n'avait pas su l'aimer. Je lui réclamais des preuves impossibles. Quelques mois après notre rencontre, il m'a déclaré, Je ne suis pas ton père et si tu veux le même amour, séparons-nous, je ne pourrai te l'offrir. Jamais un homme ne t'aimera comme ton père t'a aimée.

– Et alors cela a marché ? Vous avez fini par apprendre à aimer et être aimée ? me demande Catherine.

– Oui, je le crois.

Remerciements

Je tiens à remercier pour leurs encouragements, leur patience, leur écoute, leur confiance et leurs lectures :

Monique Abittan, Henri Atlan, Catherine Baratier, Jean Claude Bellaich, Pierre Pachet, Yaël Pachet, François Pachet, Antoine Schneck, Marine Schneck, Nicole Weil, Francis Bassigny, Jean Recoing, Laurent Halimi, Monique Marx, Ariane Brosh, Nicole Coupère, Capucine Ruat, Alice d'Andigné, Manuel Carcassonne, Ivan Jablonka, Yves Harté, Jean François Miniac, Nan Aurousseau, Laurence de Cambronne, Antoine Silber, Antoine Flochel, Natalie David Weil, Laurence Heilbronn, Anne Heilbronn, Alexandre Lier, Jean-Noël Pancrazi, Marc-Olivier Baruch, Nicolas Cournil, Bernard Reviriego, Brigitte Benkemoun, Guy et Monique Moreau, Jeanne Grillon, Élisabeth Dartencet (mairie de Périgueux), Laetitia Thélot et ses élèves du lycée Bertran de Born à Périgueux, M. Eyraud (école primaire des Maurilloux), Pierrette Garreau, Isabelle Garreau, Jean Bardoulat, Denis Schmidt, Daniel Saint André (mairie de Trelissac), Patrice Rolli, Marcel Wieder (Licra Périgueux), Dominique Richard (*Sud-Ouest*),

Sophie Bridoux (Société historique et archéologique du Périgord), Maïté Etchechoury (Archives départementales de Dordogne), Marcel Restoin (élu municipal de Dordogne), Me Cédric Lutz Sorg, Jérémy Arbogast (Archives départementales du Bas-Rhin), Michel Levi, Michel Rothe, Benjamin Stora, Daniel Gouget, Émilie Buzyn, Brigitte Benkemoun, Olivier de Solminihac, Patrick Mahuet.

Le personnel des Archives nationales (Pierrefitte), des Archives départementales de Dordogne (Périgueux), du Service historique de la Défense (Vincennes), des Archives du personnel militaire (Pau), Archives de Paris, Archives départementales du Bas-Rhin (Strasbourg), de la bibliothèque de Sciences Po-Paris qui m'ont aidée à retrouver les archives citées dans ce livre.

Les auteurs dont les livres m'ont nourri : Michelle Audin, *Une vie brève* (« L'arbalète », Gallimard), Henri Alleg, *La Question* (Les Éditions de Minuit), Jean-Yves Boursier, *La Guerre des partisans dans le Sud-Ouest de la France 1942-1944* (L'Harmattan), Susan Faludi, *In the Dark Room* (Williams Collins), Marc Olivier Baruch, *Servir l'État français* (Fayard), *Le Régime de Vichy* (la Découverte), Raphaëlle Branche, *La Torture et l'armée pendant la guerre d'Algérie* (Folio Histoire), Jean Charles Jauffret, *La Guerre d'Algérie. Les combattants français et leur mémoire* (Odile Jacob), Claude Levi-Strauss, *Tristes tropiques* (Plon), Robert Linhart, *L'Établi* (Les Éditions de Minuit), Albert Londres, *Le Juif errant est arrivé* (Le Serpent à plumes), Pierre Pachet, *Autobiographie de mon père* (Le Livre de poche), Georges Perec, *La Vie mode d'emploi* (Hachette) et *Récits d'Ellis Island* (Le Sorbier-INA) avec Robert Bober, Bernard Reviriego, *Les Juifs en Dordogne, 1939-1944 : de l'accueil à la persécution* (Archives départementales de la Dordogne-Fanlac), Patrice Rolli, Philip Roth, *Patrimoine* (Folio Gallimard), *La Phalange nord-africaine en Dordogne. Histoire d'une alliance entre la pègre et la Gestapo* (Éditions L'Histoire en partage), Benjamin Stora, *Appelés en guerre d'Algérie* (Gallimard) et *La Gangrène et l'Oubli. Mémoires de la guerre d'Algérie* (Gallimard), Claire Zalc, *Dénaturalisés. Les retraits de nationalité sous Vichy* (Le Seuil), Claire Zalc et Nicolas Mariot, *Face à la persécution : 991 Juifs dans la guerre* (Odile Jacob), Gérard Zwang, *Chirurgien du contingent* (Université de Montpellier).

Cet ouvrage a été composé
par Nord Compo à Villeneuve-d'Ascq (Nord)
et achevé d'imprimer en France
par CPI
pour le compte des Éditions Stock
21, rue du Montparnasse, 75006 Paris
en novembre 2017

PAPIER À BASE DE FIBRES CERTIFIÉES

Stock s'engage pour l'environnement en réduisant l'empreinte carbone de ses livres. Celle de cet exemplaire est de :
900 g éq. CO_2
Rendez-vous sur www.editions-stock-durable.fr

Imprimé en France

Dépôt légal : janvier 2018
N° d'édition : 01 - N° d'impression : 3025417
28-51-6072/3